... CÉLÈBRES

LE VOISIN

PAR

N. BLANPAIN

PARIS

LIBRAIRIE ÉDITEUR

LA VOISIN

LA VOISIN

PAR

N. BLANPAIN

PARIS

E. DENTU, LIBRAIRE-ÉDITEUR

PALAIS-ROYAL, 15-17-19, GALERIE D'ORLÉANS

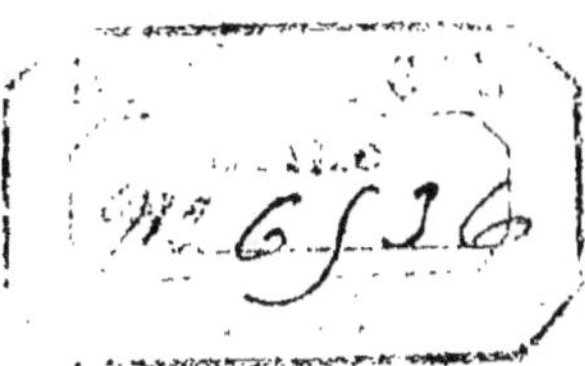

LA VOISIN

I

UNE SINGULIÈRE RENCONTRE

La foire de Saint-Denis était dans toute sa tapageuse splendeur. Saltimbanques, pitres et marchands faisaient rage pour attirer les chalands.

Cinq promeneurs qu'à leurs manières il était facile de reconnaître pour de grands seigneurs déguisés, parcouraient la rue des Orfèvres, regardant les boutiques en gens désœuvrés pour qui ces plaisirs bruyants avaient peu d'attrait. Ils s'arrêtèrent devant l'étalage d'un joaillier.

— Combien cette agrafe? dit l'un en désignant du doigt une sorte de médaillon en or.

— Vingt livres, répondit l'orfèvre.

Après avoir longtemps marchandé, le chaland se fouilla comme s'il eût cherché sa bourse, puis il s'écria, en faisant à ses compagnons un signe presque imperceptible :

— Pardieu! voilà une singulière aventure qui m'arrive! ou j'ai perdu ma bourse, ou, — ce qui est même chose pour moi, — quelque adroit tire-laine m'en aura débarrassé. Voulez-vous, monsieur, ajouta-t-il en s'adressant au bijoutier, me faire crédit sur ma bonne mine ?

— La bonne mine n'est pas une monnaie ayant cours, répondit le marchand du ton rogue d'un commerçant qui s'aperçoit qu'il a perdu son temps à discuter avec un client peu sérieux, et faire crédit n'est pas dans nos habitudes. Et puis, si réellement vous avez envie de cette agrafe, la somme à laquelle je vous la laisse, n'est pas si forte que vos amis ne puissent vous la prêter.

Pendant ce colloque, une femme s'était glissée auprès de l'industriel, à qui elle dit à mi-voix :

— Vous pouvez sans crainte déroger pour cette fois à vos habitudes : celui qui vous fait l'honneur de marchander ce médaillon tient en main les finances de la France et il ne voudrait point faire tort à un orfèvre d'une somme aussi minime.

A ces mots qu'il avait parfaitement entendus, l'homme qui disait avoir perdu sa bourse, saisit vivement par le bras la femme qui venait de parler, au moment où elle allait disparaître dans la foule.

— Me connaîtriez-vous, madame, demanda-t-il, et où m'avez-vous vu ?

— Je ne vous ai vu nulle part, répondit-elle.

— Pourquoi êtes-vous intervenue dans notre débat et avez-vous insinué à ce marchand qu'il n'avait pas de risque à courir en me vendant à crédit?

— Parce que c'est la vérité.

— Qui vous l'a dit?

— Personne. Je l'ai deviné.

— Qu'êtes-vous donc ?

— Devineresse.

— Et devineresse à bon marché sans doute, s'écria un des seigneurs déguisés en riant aux éclats.

— Me serais-je trompée ? demanda d'un ton sévère l'inconnue au rieur, et le personnage que vous accompagnez ne serait-il pas monseigneur Fouquet?

— C'est bien le surintendant des finances, mais il n'est pas besoin de consulter son démon familier pour le reconnaître sous ce déguisement ; il suffit d'avoir déjà vu monseigneur ou d'avoir été avisé de sa présence à la foire par quelqu'un de ses laquais.

La devineresse regarda dédaigneusement celui qui venait de s'exprimer ainsi et qui n'était autre que Pellisson ; puis, s'adressant de nouveau à Fouquet :

— Monseigneur, lui dit-elle, je dédaigne de répondre à ces insinuations ; mais je veux vous convaincre et j'y arriverai, lorsque je vous aurai dit, — ce que personne ne m'a appris, — que vos amis vous ont amené ici pour essayer de réagir contre votre tristesse, inexplicable pour eux ; mais vous distraire n'est pas en leur pouvoir, et moi seule je puis vous rendre votre quiétude. Si donc vous la voulez reconquérir, gagnez la rue des Plaisirs, et ce qui vous tourmente cessera.

A ces mots la devineresse s'enfuit, laissant le surintendant et ses compagnons tout surpris de cette étrange rencontre.

Seul, Pellisson continuait à rire de l'aventure. Il fut le premier toutefois à conseiller à Fouquet de ne point manquer à ce singulier rendez-vous.

— De la sorte, conclut-il, vous saurez ce que valent les promesses de cette nouvelle pythonisse de foire.

Cet avis reçut l'approbation des autres seigneurs qui se mirent sur-le-champ en quête de la rue des Plaisirs.

Après avoir longtemps cherché, ils trouvèrent enfin cette rue et dans cette rue, entre autres baraques aux parades bruyantes, une loge qui portait pour enseigne : *Miracles surnaturels*.

— Ici, disait une femme en s'adressant au public réuni devant ses tréteaux, on tire une loterie merveilleuse, dont chaque billet gagne et fait retrouver un objet perdu.

— C'est ce que nous allons voir, s'écria un jeune homme revêtu du costume militaire italien, au moment où Fouquet et sa suite s'arrêtaient devant la boutique : il y a huit jours, j'ai perdu le pommeau de cette épée, qui s'adaptait à la poignée au moyen d'une vis. Je serais aise de le revoir, mais je ne l'espère point. Voyons, belle dame, un billet, s'il vous plaît.

La dame présenta un sac dans lequel le soldat prit un numéro au hasard. Ce numéro indiquait comme lot gagnant, un verre en cristal. Ce verre fut remis à l'Italien qui ne put retenir un cri d'étonnement en voyant au fond du gobelet le pommeau de son épée, qu'il en retira et qu'il ajusta devant les spectateurs se pressant curieusement autour de lui.

— Le diable s'en mêlerait-il? fit le soldat. Ah! bast! conclut-il après quelques minutes de silence, c'est là quelque tour de passe-passe. Je ne crois pas à la sorcellerie.

Cette scène avait vivement intrigué Fouquet.

— A mon tour de prendre un billet, dit-il en avançant la main.

— Auriez-vous perdu quelque chose aussi, monsieur? s'enquit l'Italien.

— Oui, monsieur : j'ai égaré une petite agrafe en or dont le médaillon contient des cheveux. Mes amis, d'ailleurs, la connaissent et ils pourront attester si c'est bien elle que je vais gagner..., si toutefois je gagne, dit Fouquet en plongeant sa main dans le sac.

Au numéro tiré échéait une tabatière. Le surintendant la prit, l'ouvrit et ne trouva rien dedans, à la grande moquerie des spectateurs qui éclatèrent de rire.

— Je le savais bien, que tout cela n'est qu'une tromperie indigne! s'écria l'Italien.

— Pressez le bouton qui est au milieu de la tabatière, murmura une voix à l'oreille du surintendant.

En se retournant, Fouquet reconnut la femme qui lui avait donné rendez-vous. Il fit ce qu'elle lui avait dit et aussitôt dans un double fond apparut une

1.

agrafe. Cette fois, les moqueries cessèrent et aux rires succéda la stupéfaction. Seul, le soldat voulut plaisanter encore ; mais Fouquet, très ému, lui imposa silence et s'adressant à l'inconnue :

— Qui êtes-vous ? lui demanda-t-il.

— Je vous l'ai déjà dit, répondit-elle, une devineresse, et de plus la directrice de cette loterie.

— Je vous demande votre nom.

— Je ne puis vous le donner devant toute cette foule qui nous écoute ; venez tout à l'heure souper au cabaret du *Moine gris*, et là je vous dirai mon nom.

— Sans plus tarder je m'y rends avec mes amis, répliqua Fouquet, de plus en plus intrigué.

— Et moi je vous suis, fit l'Italien, car je veux que cette prétendue magicienne m'explique.....

— Tout ce que vous voudrez, ne serait-ce que pour confondre les incrédules, fit la devineresse en disparaissant.

Cette scène avait excité la plus ardente curiosité, raconte M. Alboize, à qui nous empruntons ces détails. Les cinq seigneurs et le militaire cherchèrent le cabaret du *Moine gris* et ne tardèrent pas à le découvrir. Ils entrèrent et demandèrent à souper. Invité par Fouquet à s'asseoir à leur table, l'Italien accepta sans façon. Le souper commença, et l'on ne s'entretint que de la sorcellerie et des magiciennes. Pellisson et le soldat niaient la magie, tandis que Fouquet et les autres seigneurs ne demandaient qu'à être convaincus, si même ils ne l'étaient déjà. L'Italien surtout faisait mille bravades et défiait les plus faméux sorciers de parvenir à l'effrayer ou à le tromper.

Durant cette conversation, minuit avait sonné. C'était l'heure de la clôture de la foire. Le cabaret se vida peu à peu. Quand il ne resta plus que Fouquet et ses compagnons, l'hôte se hâta de fermer son établissement au dehors. Ne voyant point arriver la devineresse, le surintendant commençait à donner des marques d'impatience.

— Elle a promis plus qu'elle ne pourrait tenir, dit l'Italien, elle ne viendra pas.

— Vous vous trompez, monsieur, dit l'inconnue en apparaissant tout à coup; me voilà à vos ordres, que voulez-vous apprendre?

— D'abord votre nom, dit Fouquet.

— Catherine Voisin, répondit-elle.

— Catherine Voisin, répéta le ministre, quelqu'un, me semble-t-il, m'a déjà parlé de vous.

— Eh! oui, pardieu! intervint Pellisson, c'est notre bonhomme La Fontaine, qui vante sans cesse la beauté et la science de cette prétendue sorcière.

— C'est vrai, et nous devons reconnaître que son appréciation est juste au moins en ce qui concerne la beauté, fit galamment Fouquet; quant à la science magique, c'est à vous, madame, ajouta-t-il en s'adressant à la devineresse, de nous prouver qu'il a également raison. Le voulez-vous?

— Volontiers ; mais êtes-vous bien en état de juger de mon savoir ?

— Que voulez-vous dire ?

— Qu'en ce moment une autre pensée vous préoccupe. Un homme amoureux peut-il sainement apprécier des choses aussi graves que la magie ?

— Amoureux !... lui ?... se récrièrent les amis de Fouquet.

— Oui, et comme il ne l'a jamais été et comme il ne le sera jamais plus peut-être.

— Allons donc ! dit Pellisson en éclatant de rire ; quand vous nous démontrerez que monseigneur cherche autre chose que la jouissance physique avec les femmes.....

— Je vois qu'aucun de vous n'est dans la confidence, reprit la devineresse ; moi seule connais ce secret ; je ne le trahirai pas, mais je prouverai que je le sais ; et s'adressant de nouveau à Fouquet, à l'oreille duquel elle se pencha, elle lui dit : Levez les yeux ; l'image de celle que vous aimez va paraître dans cette glace.

Le ministre regarda devant lui et, en effet, dans un petit miroir accroché par un clou à la muraille, il vit passer une image. A cette vue, il poussa un cri d'étonnement, presque d'effroi, tant ce phénomène lui parut surnaturel. C'était la figure de mademoiselle de La Vallière.

— Est-ce bien elle ? demanda Catherine.

— Oui, répondit Fouquet en regardant fixement

la devineresse et en cherchant à lire dans ses yeux.

A cette réponse les spectateurs changèrent de ton et de manières, surpris qu'ils furent de l'émotion subite du surintendant. Pellisson lui-même se montra inquiet. L'Italien seul eut un sourire d'incrédulité.

— Il y a des esprits plus ou moins faibles, dit-il ; mais pourquoi cette grande magicienne n'essaie-t-elle pas de m'effrayer, moi ?

— Je ne suis pas venue ici pour vous, répondit fièrement Catherine.

— En vérité, vous auriez perdu votre temps, ma mie, reprit l'Italien, car je vous défie bien de me faire la moindre peur, quand vous évoqueriez ici tous les diables de l'enfer, quand vous feriez revenir tous les morts, je ne tremblerais pas.

— Vous défiez tous les morts à la fois, dit Catherine avec gravité, et peut-être ne seriez-vous pas de force à braver sur l'heure la présence d'un seul.

— Je suis prêt à tenter l'épreuve, la belle. Appelez votre mort ; seulement prévenez-le que j'ai une épée.

— Quand ces messieurs nous auront quittés, je verrai à vous satisfaire.

— Pourquoi attendre ? Un esprit qui a du cœur ne craint pas de paraître en si bonne compagnie.

— Je me permettrai de vous faire remarquer que ce qui vous convient peut ne pas être du goût de ces messieurs. Je vous le répète, quand nous serons seuls, nous verrons s'il y a lieu de vous contenter.

— Oseriez-vous donc réellement tenter d'évoquer l'ombre d'un mort? demanda vivement Fouquet.

Catherine hésita un instant.

— Oui, répondit-elle enfin.

— Eh bien, dit l'Italien, je demande à voir saint Denis, patron de ce pays. Je serais curieux d'apprendre de sa bouche comment, portant sa tête à la main, il la baisait à chaque pas. Appelez saint Denis.

— Quand même j'aurais le pouvoir d'évoquer l'ombre d'un saint, ma conjuration serait impuissante dans ce cas, dit Catherine d'un ton solennel ; car ceci est chose sérieuse, et je ne pourrais obliger un mort à paraître devant qui plaisante d'avance sur son apparition. Et puis, pour réussir, un intérêt personnel et respectable doit motiver l'évocation.

— Je comprends, murmura l'Italien en s'adressant aux seigneurs; elle veut de l'or pour le mal que la fantasmagorie va lui coûter. C'est là l'intérêt personnel et respectable dont la satisfaction est nécessaire à la réussite. Allons, messieurs, la main à la poche : exécutons-nous de bonne grâce. Je donne l'exemple, car je veux à tout prix découvrir la ruse grossière que cette femme va employer dans sa comédie.

A ces mots il jeta deux pièces d'or sur une assiette qu'il présenta à chaque seigneur. Chacun y mit son offrande et Fouquet, ayant ajouté au don de sa bourse qu'il disait avoir perdue par manière de passe-temps, une bague d'un grand prix, présenta la collecte à Catherine.

— Cet homme a cru m'humilier, dit la Voisin en désignant l'Italien, mais il se trompe grossièrement sur mon compte. Je ne prendrai pas cet or. Aucun prix ne peut payer ce que je me propose de faire. Cette offrande sera une bonne aubaine pour les malheureux. Tenez, ajouta-t-elle en appelant l'hôte, voilà le produit d'une quête que ces messieurs vous prient de porter à l'abbé de Saint-Denis. Il la fera distribuer en aumônes aux pauvres de cette ville. Je ne veux garder que cette bague : elle me rappellera le tout-puissant seigneur qui me l'a donnée.

Et ce disant, elle passa l'anneau à son doigt.

— Maintenant, monseigneur, fit-elle en s'adressant à Fouquet, vous qui traitez les choses sérieusement, dites-moi quel est le mort que vous avez un grand intérêt à faire sortir pour quelques instants de sa tombe.

Pendant quelques secondes, le surintendant parut en proie à une lutte violente.

— Eh bien, soit! s'écria-t-il enfin, j'irai jusqu'au bout. A son lit de mort, le cardinal Mazarin me manda auprès de lui. Je vins à son appel. Après diverses recommandations qu'il me fit et plusieurs secrets qu'il me confia, il me dit tout à coup : « Vous êtes jeune, ardent et ambitieux, le roi a tout votre caractère : gardez-vous de convoiter... » A ces mots, la reine mère entra, et le cardinal se tut. Je n'ai pu retrouver l'occasion d'un nouveau tête-à-tête, et Mazarin expira sans m'avoir expliqué sa pensée. Je voudrais que vous le fissiez revenir afin qu'il complétât lui-même la phrase commencée et dont j'ai vainement cherché le sens.

— Il suffit, dit la devineresse ; c'est là un motif louable. Mais, quel que soit mon pouvoir, je ne puis évoquer les morts qu'après des préparatifs secrets, des prières particulières, dites à de certaines heures, surtout lorsqu'il s'agit d'un prêtre ; ma puissance sur un représentant de Dieu est limitée. Quant à l'heure à laquelle revient l'âme des morts, c'est la quatrième de la nuit. D'ici là j'ai besoin de rester seule. Vous allez vous retirer dans une pièce du haut. Auparavant vous me jurerez sur votre honneur de gentilshommes de ne pas sortir de cette maison en mon absence, et, quoi qu'il arrive, de ne jamais révéler la scène que je vais préparer.

— Nous le jurons !

— Je prends acte de votre serment, dit Catherine. Maintenant suivez-moi.

Elle conduisit les seigneurs et le soldat au second étage dans une pièce assez mal éclairée, où se trouvaient des lits et une table chargée de dés, de cartes et de bouteilles.

— Dormez ou jouez et buvez, à votre choix. Mais, encore une fois, n'essayez pas de sortir d'ici, si vous tenez à la réussite de ma conjuration, d'ailleurs je vous préviens que les fenêtres sont cadenassées.

Ceci dit, la Voisin sortit et ferma à double tour la porte de la chambre.

Laissons nos prisonniers volontaires se communiquer les réflexions que fait naître en eux cette singulière aventure et lions plus ample connaissance avec cette femme étrange que nous avons vue apparaître au début de cette histoire et dont les forfaits remplissent une des pages les plus sanglantes des annales criminelles du monde entier.

II

Chose incroyable : il n'existe pas d'histoire de la Voisin, à part celle de M. Alboize, à laquelle nous ferons de larges emprunts et qui a été édifiée elle-même avec les matériaux épars dans les ouvrages du temps et surtout dans les archives secrètes de la police.

Catherine Deshayes était née en Champagne vers 1646. Elle exerçait la profession de sage-femme ; mais, à une époque où l'infanticide n'était point encore passé dans les mœurs, où les lois sévissaient contre les Lucines de bas étage qui se livraient au hideux commerce de l'avortement, il n'était guère possible de faire fortune dans ce louche métier. D'ailleurs elle n'avait pour clientes que les femmes du peuple, et les plébéiennes, on le sait, courent les dangers de l'enfantement et la pauvreté les contraint aux dures fonctions de nourrices. Rien donc à faire de ce côté pour une accoucheuse faiseuse d'anges. Et pourtant le rêve de Catherine était d'amasser des richesses.

A l'âge de vingt-quatre ans elle épousa un sieur Antoine Monvoisin, mince gentilhomme et pauvre employé, — d'autres disent joaillier, — qu'une place dans les fermes générales faisait à peine vivre. Avec ses maigres appointements comment suffire aux goûts de sa femme, qui aimait la bonne chère, le spectacle, les belles assemblées et la musique ?

Sans être une beauté parfaite, madame Monvoisin était brune, grande, forte, imposante ; de sa tête orgueilleuse tombait sur ses épaules, en boucles de jais, une abondante chevelure. Ajoutez à cela que Catherine rimait facilement chansons à boire ou stances amoureuses, qu'elle joignait un esprit fin et cultivé à d'énergiques qualités de caractère, et vous comprendrez qu'il y avait en elle l'étoffe d'une femme supérieure. Ce n'était certes pas l'esprit d'une Deshoulières ni d'une comtesse de La Suze ; mais quelque chose comme l'*humour* du vieux poëte anglais Butler, enté sur la crudité philosophique de Rabelais.

Affamée de luxe, elle se prodigua de toutes les façons pour faire obtenir à son mari un poste lucratif, qui permît à sa femme de satisfaire ses goûts pour la grande existence ; malheureusement le pauvre homme mourut à la peine, laissant pour tout héritage une fille d'un premier lit et des dettes ; la veuve n'avait, pour élever la première et pour éteindre les secondes, que les bénéfices fort éventuels de son état de sage-femme et les profits très restreints de ses galanteries. Elle imagina alors d'exploiter le vaste champ de la bêtise humaine, si productif pour qui sait le cultiver. Tireuse de cartes, Catherine prédit l'avenir, débita des philtres pour rendre amoureux ou pour réconcilier les amants, fit retrouver les objets perdus. Elle tirait tout ce qu'elle pouvait de la crédulité, mais sa clientèle était pauvre, partant maigres les recettes, et nous avons dit que Catherine voulait arriver à la fortune.

Elle se disposait à aller exercer son métier dans un milieu offrant plus de ressources, lorsque le hasard la mit en présence de la veuve Vigoureux, dont le mari avait été porte-clefs du château royal de la Bastille. Ces deux femmes ne tardèrent pas à se lier d'une étroite amitié ; partageant les mêmes goûts, accessibles aux mêmes indignes voluptés, elles mirent en commun leur indigence, leur sort, et habitèrent ensemble rue des Écouffes.

A la Bastille, le mari de la Vigoureux avait eu des rapports journaliers avec le célèbre empoisonneur Exili. Selon toute apparence, ce porte-clefs avait été le confident et l'émissaire de ce scélérat. Le prisonnier italien fut reconnaissant à sa manière il récompensa les complaisances du guichetier en lui donnant la recette de certains breuvages.

Le porte-clefs avait remis ces grimoires à sa femme ; mais, par ignorance, celle-ci les laissa moisir dans un coin de son armoire, où elle les oublia tant que vécut son mari. La misère est fureteuse : devenue veuve et malheureuse, la Vigoureux chercha, retrouva ces recettes et les montra à ma dame Monvoisin, qui comprit sur-le-champ tout le parti que d'habiles gens, peu scrupuleux en matière de morale, pourraient tirer de ce recueil de secrets sataniques.

— Nous sommes sauvées, dit-elle à la Vigoureux, avec un sourire de triomphe; nous serons riches, honorées, protégées, ou le diable y perdra son latin, et moi aussi.

Aussitôt les deux mégères se mettent à l'œuvre et composent des philtres, des sirops, des élixirs, selon la formule; d'aucuns donnaient l'amour; d'autres, la mort. Sous le titre de *poudre de sympathie* ou *de succession*, elles fabriquent des poisons ou lents ou actifs, au gré des héritiers et des futures veuves qui les venaient consulter. Elles joignent à cette industrie la science des augures : chacune eut sa fonction : à la Vigoureux échut la charge de prédire l'avenir, de tirer des horoscopes, à l'aide de la nécromancie et de la chiromancie ; de prophétiser les prompts veuvages; de retrouver les objets perdus; d'apaiser les querelles amoureuses. La veuve Monvoisin, dont les oracles étaient cotés à un plus haut prix, donnait des consultations, indiquait des secrets infaillibles pour conserver la vigueur aux hommes et aux femmes les charmes physiques ; dictait des moyens sûrs pour reconquérir une virginité perdue ou faire cesser une stérilité honteuse ; débitait des sachets constellés pour rendre invulnérables les gens d'épée, et de l'eau de Jouvence pour perpétuer la beauté des dames. Aux branches multiples de cet étrange commerce elle joignait encore, à l'occasion, quelques petits avortements qu'elle pratiquait avec une rare dextérité et qu'elle faisait payer des sommes fabuleuses; bref, tandis que la Vigoureux accaparait le tiers-état, Catherine se rendait nécessaire aux vices aristocratiques.

Ces deux femmes avaient un protecteur, le frère du guichetier défunt, un vrai colosse, du nom de Jean Vigoureux, qui s'élevait peu à peu au grade de consolateur en chef de madame Monvoisin.

Le taudis de la rue des Ecouffes ne tarda pas à jouir d'une vogue immense, à ce point qu'en moins de trois années, les deux amies réalisèrent plus de vingt mille écus, tant il est vrai que les impôts établis sur la crédulité et sur les vices, sont toujours les plus abondants et les plus exactement acquittés.

— Il est temps de déguerpir de ce bouge misérable, dit un jour à la Vigoureux la veuve Monvoisin, enivrée des rapides succès de son entreprise; délogeons au plus vite et allons installer notre trépied sacré dans un temple digne de l'abriter. La renommée nous y suivra et aussi la fortune.

La Vigoureux ne trouva rien à objecter à cette proposition.

En conséquence la devineresse loua et meubla magnifiquement un vaste et splendide hôtel, situé rue Saint-Louis, au Marais, le quartier le plus à la mode de tout Paris; elle eut des chevaux à l'écurie, une voiture sous la remise, un suisse à sa porte, des laquais dans ses antichambres, un excellent cuisinier et des femmes à son service. Pour encadrer dignement ce luxe, il fallait un état civil irréprochable : Catherine se fit passer pour la veuve d'un financier intéressé dans les fermes générales et ouvrit son salon aux artistes et aux beaux-esprits. Ninon de l'Enclos et le marquis de La Fare s'y donnaient rendez-vous, sûrs d'y rencontrer aimable et nombreuse compagnie. Jusqu'à La Fontaine qui y vint, amené par le comédien Champmeslé ; bientôt même il eut son couvert mis à la table de sa compatriote devenue son amie.

Toutefois, *le changement de peau de ces reptiles*, suivant la pittoresque expression de la comtesse de Grignan, ne s'opéra pas sans grand dam pour leurs revenus. La première année fut improductive, tant fut générale la désertion des clients des deux associées. Le crime aime les ténèbres et le silence : le bruit et les lumières du brillant hôtel de la rue Saint-Louis avaient mis en fuite la louche clientèle. La Fontaine a fait allusion à cette déchéance prématurée de la pythonisse dans sa jolie fable intitulée : *les Devineresses :*

C'est souvent du hasard que naît l'opinion,
Et c'est l'opinion qui fait toujours la vogue.
Je pourrais fonder ce prologue
Sur gens de tous états : tout est prévention,
Cabale, entêtement, point ou peu de justice.

C'est un torrent : qu'y faire ? Il faut qu'il ait son cours :
Cela fut et sera toujours.

C'est vers cette époque que M. Alboize place le mariage de Catherine, non pas avec Monvoisin, mais avec un sieur Voisin, pharmacien. Comme nous aurons occasion de faire connaissance avec plusieurs personnages de cette histoire, nous prions nos lecteurs de nous suivre, faubourg Saint-Antoine, au *Vert-Galant*, cabaret fameux, où se fit la noce. Les époux y avaient convié leurs nombreux amis. La fête promettait d'être charmante : la salle était décorée de devises et de fleurs ; la table avec sa nappe éclatante de blancheur, ses piles d'assiettes et ses verres de toute taille, annonçait toutes les merveilles de la cuisine et de la cave. Un bal devait suivre le repas et, pour les musiciens, s'élevait, au fond du jardin, une estrade enguirlandée.

Pas un convive ne manqua au rendez-vous, curieux qu'on était de voir la nouvelle épousée, la belle Catherine, renommée surtout pour sa coquetterie et ses aventures galantes. Courtisée par des seigneurs, elle les avait tous écoutés, au dire des uns ; elle les avait tous éconduits, selon les autres, et cela pour arriver à faire un mariage convenable. Nos lecteurs savent à quoi s'en tenir sur ce chapitre délicat. Inutile donc d'insister.

Quant au mari, M. Antoine Voisin, c'était un honnête et probe apothicaire, âgé de quarante-cinq ans, petit, court, ramassé, à l'œil ardent, au nez épaté, aux lèvres épaisses et au front étroit, que gênait fort une obésité des plus prononcées. Établi dans le faubourg Saint-Antoine, il avait su, tout en amassant une fortune, semer des bienfaits et récolter, — fruit rare, — les sympathies des habitants de son quartier. Ce jour-là, il croyait son bonheur complet : il venait d'épouser la femme qu'il aimait depuis longtemps. Pour fêter dignement cette grande victoire, il s'était mis avec recherche et portait même des rubans et des aiguillettes, comme un gentilhomme.

Jean La Fontaine avait servi de témoin à Catherine. Après la cérémonie religieuse, il avait suivi les nouveaux époux au cabaret ; mais, au moment du souper, il s'était éclipsé, gagnant les jardins, où il s'oublia, dans le feu de la composition d'un épithalame en l'honneur du mariage de sa belle amie, dont il s'était déclaré le chevalier.

Lorsque l'épousée, dans toute la splendeur de sa jeunesse et de ses atours et dans tout l'éclat de sa beauté, s'avança pour prendre à la table la place d'honneur, on remarqua, non sans étonnement, qu'elle était accompagnée d'un prêtre, le même qui, le matin, avait donné aux époux la bénédiction nuptiale.

Petit, maigre, les yeux caves, le front ridé, la tête chauve, Cœuvrit ou plutôt Lesage, — c'était le surnom de ce prêtre, — paraissait avoir au moins cinquante ans, et à peine en avait-il trente.

Parmi les autres convives se trouvaient un Italien, nommé Destinelli, ami de Lesage, puis Jean Vigoureux, le frère de l'ancien guichetier de la Bastille, et sa belle-sœur, deux athlètes, qui vivaient dans l'intimité de Catherine Deshayes.

Après les présentations, saluts et compliments d'usage, le repas commença ; mais une place était restée vide, celle de La Fontaine. Sur un signe de Catherine, Jean Vigoureux se leva, courut au jardin et reparut bientôt, portant dans ses bras nerveux le poëte, qui, bien qu'habitué aux façons de ce colosse, le maudissait cette fois de l'avoir interrompu au moment où, dans le plus galant des épithalames, il faisait becqueter amoureusement, en les mariant, les rimes masculines et les rimes féminines en l'honneur de sa belle amie. Un sourire de Catherine eut vite raison de la mauvaise humeur du fabuliste, et les fourchettes, les couteaux et les verres des convives, égayés par cet incident, recommencèrent à fonctionner de plus belle.

Catherine, plus gracieuse que jamais, faisait les honneurs avec une convenance parfaite et distribuait à chacun un sourire ou une bienveillante parole. Mais, malhabile à jouer longtemps ce rôle, que lui imposait son titre de mariée, elle se fatigua vite de cette contrainte ; aussi, malgré les signes et les froncements de sourcils de Lesage, qui n'avait cessé de la surveiller durant le souper, s'abandonna-t-elle à sa gaieté naturelle et même à sa passion pour le vin, jusqu'au point de s'étourdir, ce que voyant, les convives l'imitèrent si bien que la fête tourna à l'orgie et qu'on n'entendit bientôt plus que des chants obscènes, coupés de cliquetis de verres, de hoquets et de cris avinés.

Heureusement un garçon vint prévenir que le bal allait commencer. Les convives, en titubant, gagnèrent le jardin.

Voisin, usant de ses droits de mari, voulut ouvrir le bal avec sa femme, mais Jean Vigoureux enleva le pharmacien, comme tout à l'heure il avait fait du fabuliste, le déposa dans un bosquet et, aux éclats de rire de la galerie, se mit à danser avec Catherine.

Aux cris poussés par Voisin, La Fontaine accourut. Tout en retenant l'apothicaire par son habit, il lui fit sur la tempérance un long discours au milieu duquel le patient s'endormit.

« Seul de tous les convives, si nous en croyons M. Alboize, le prêtre Lesage avait conservé sa raison et attendait avec impatience que la danse fût finie pour causer avec Catherine. Aussitôt que l'orchestre cessa de jouer, il s'empara de la belle mariée, la conduisit dans un coin du jardin et la fit asseoir à ses côtés :

— Catherine, lui dit-il, je ne suis pas content de vous ; vous m'aviez promis d'être sage.

— Je l'ai été tant que j'ai pu, répondit-elle ; mais cela se prolongeait trop pour ma patience... D'ailleurs, le moyen de ne pas chercher à s'étourdir quand on épouse un magot comme Voisin ?

— Un magot qui vous apporte cinquante mille livres et son nom.

— Ça fait cinquante mille livres.

— C'est égal, il est fort imprudent à vous d'avoir agi comme vous l'avez fait. Que voulez-vous qu'il pense de vous avoir vue ainsi ?

— Quant à ça, il n'y a rien à craindre, car je l'ai mis hors d'état de voir.

— Mais ceux qui nous attendaient dans ce jardin, et qui y voient très bien, qui peuvent tout entendre, tout comprendre, et devant lesquels vous avez parlé sans doute.....

— Vous croyez donc que je suis folle... Si les fumées du vin m'ont un peu agitée là-haut, il a suffi du grand air pour me remettre.

— Cela n'a pas empêché Vigoureux d'emporter de force votre mari loin de vous, et vous avez eu tort de le souffrir.

— Que voulez-vous ! j'aime ce garçon, vous le savez. Je lui avais promis d'ouvrir le bal avec lui, il m'a fait tenir ma promesse. Il a bien fait.

— Et si Voisin s'apercevait de quelque chose ?

— Tant pis ; il ne fallait pas me faire marier avec lui. C'est vous qui m'avez, pour ainsi dire, forcée à l'épouser.

— Parce qu'il vous fallait absolument les moyens de continuer l'existence que vous menez, et que vous ne pouviez le faire sans argent.

— J'en aurais trouvé ailleurs.

— Comment?

— Dans mon état de sage-femme.

— Peuh! l'avortement ne donne guère ; les filles du peuple qui ont des enfants de grands seigneurs sont abandonnées par leurs galants, et par conséquent ne payent pas, et quant aux grandes dames, elles vont toutes accoucher à l'étranger. Votre état est perdu.

— Cela peut être vrai ; mais celui que j'étudie...

— Précisément, il faut du temps, de la patience et de l'argent pour passer maîtresse en magie. En vous donnant Voisin, je vous ai donné tout cela.

— Soyez donc plus franc avec moi, mon cher, puisque aussi bien vous savez que je ne suis pas votre dupe. Vous m'avez fait épouser Voisin pour vous et non pour moi. Vous avez besoin pour vos recherches avec Destinelli d'une foule d'instruments et de drogues qu'un apothicaire seul connaît et peut se procurer sans danger, et vous m'avez mariée à un apothicaire. Heureusement, comme vous le disiez, il a cinquante mille livres.

—Eh bien, de quoi vous plaignez-vous ? A vous les écus, à moi le laboratoire.

— Et le mari, à qui?

En ce moment retentit un bruyant éclat de rire dans le bosquet voisin. Le prêtre et sa compagne se levèrent, saisis d'effroi.

— On nous a entendus, nous sommes perdus! murmura Lesage en s'apprêtant à fuir.

Catherine, plus brave, le retint.

— Voyons d'abord ce que c'est, fit-elle ; un danger connu est plus facile à détourner.

Elle écarta les branches de la charmille et passa dans le bosquet, où elle trouva deux hommes assis, dont l'un faisait entendre un ronflement des plus rassurants. C'était Voisin.

— Je viens de terminer mon épithalame ; voulez-vous que je vous le dise, ma belle amie ? fit l'autre en reconnaissant la mariée.

C'était La Fontaine. Catherine, rassurée, dit à Lesage à voix basse :

— Ce n'est pas lui qui pourrait nous avoir entendus, il est trop distrait pour cela. Quant à Voisin, il dort comme une souche.

— N'importe, repartit le prêtre ; nous avons été imprudents de causer ainsi dans un lieu où il y a tant de monde ; que cela ne nous arrive plus !

— A qui la faute ?

— A moi. C'est une leçon dont je profiterai. En attendant, pour que cela ne recommence pas, quittez le bal.

— Déjà! se récria Catherine.

— Il est près de minuit. Demain nous reprendrons cet entretien. Monsieur de La Fontaine, dit-il tout haut en s'adressant au poëte, voudriez-vous vous charger de réveiller M. Voisin et de lui dire que madame son épouse s'est rendue chez elle ? »

Ceci dit, entraînant Catherine, Lesage la confia à la veuve Vigoureux, et disparut.

Au moment où les deux femmes regagnaient le carrosse qui les avait amenées, un homme s'élança tout à coup vers la voiture, ouvrit la portière et, abaissant le marche-pied, dit à madame Voisin :

— Montez, maîtresse.

Catherine leva les yeux et aperçut un nègre dont les regards ardents étaient attachés sur elle.

— Sans doute c'est quelque domestique du cabaret, pensa-t-elle sans plus y prendre garde.

Le nègre referma la portière, éveilla le cocher, qui dormait sur son siège, et les chevaux reposés partirent au grand trot. Lorsque la voiture s'arrêta devant la maison de Voisin, le même homme se trouva là pour ouvrir la portière. Catherine n'y fit nulle attention et rentra chez elle avec la Vigoureux.

A coup sûr, ce nègre n'avait point de domicile, car, avisant une borne, en face de la pharmacie, il s'étendit au pied de la pierre, où il passa le reste de la nuit.

S'il plaît au lecteur, nous laisserons là cet être aux allures étranges, et nous retournerons dans les jardins du cabaret du *Vert-Galant*. Peu à peu les derniers danseurs s'étaient retirés, et, lors de leur ronde, les garçons ne trouvèrent plus sous les bosquets que Voisin dormant et La Fontaine rêvant. Ils réveillèrent l'apothicaire.

— Depuis longtemps votre femme vous attend au logis, lui dit La Fontaine. Elle m'a chargé de vous aviser que vous la retrouverez chez vous.

— Quoi !... Catherine est partie ! s'écria Voisin en bâillant et en s'étirant.

— Et tous vos convives aussi, ajouta un des garçons, qui, intérieurement, donnait le marchand de drogues à tous les diables ; d'ailleurs, toute noce doit avoir une fin et le jour va paraître.

— Ah ! que je vous en veux de ne m'avoir point réveillé ! dit, d'un ton de reproche, le pauvre mari au fabuliste.

— Vous dormiez si bien que je me serais fait un scrupule de troubler votre sommeil, répondit le poëte.

— C'est épouvantable !

— Non, mais c'est fort plaisant, dit La Fontaine, et je vous promets de faire de cette aventure un conte très divertissant.

— La première nuit de mes noces ! gémit le malheureux Voisin.

— C'est cela : *la Première Nuit de mes Noces*, répéta La Fontaine ; voilà un titre charmant, je l'adopte, et je vais de ce conte ruminer les premiers vers tout en regagnant pédestrement mon logis.

Voisin quitta le poëte et rentra chez lui. Sa femme, prêchée par Lesage, ne le gronda guère que pour la forme ; ce qui fit que la paix fut vite conclue entre deux baisers.

Le lendemain, au-dessus de l'enseigne de l'apothicaire se détachait un tableau posé à la hauteur du premier étage, avec cette inscription en grosses lettres d'or :

MADAME VOISIN, MAITRESSE SAGE-FEMME

Catherine avait consenti à continuer son état ; mais elle ne l'exerçait qu'à contre-cœur. Née pour l'intrigue, le plaisir et l'argent, elle nourrissait des idées d'ambition et rêvait de se frotter au grand monde. Ce qu'elle voulait, c'était avoir des relations avec les dames de la cour, sinon à titre d'amie, au moins en qualité de suivante ; avoir commerce avec les seigneurs, fût-ce même comme leur maîtresse. Elle n'avait épousé Voisin que pour ses cinquante mille livres ; une fois mariée, elle ne songea plus qu'à mener joyeuse vie, à singer la femme de qualité et à jeter aux vents de ses caprices les économies, longuement amassées, de son mari, qui, vieux et amoureux, ne sut que céder à toutes les fantaisies de sa jeune compagne.

III

LE PACTE

Un jour, suivie de ses deux laquais, elle se promenait sur la place Royale, le rendez-vous de la haute société ; sa beauté provoquante et ses regards hardis avaient attiré et retenu autour d'elle une foule de jeunes seigneurs.

Furieuses de ce succès, les nobles dames se demandaient quelle pouvait bien être cette rivale qui leur enlevait ainsi tous leurs adorateurs. Il fallait se venger en jetant bas au plus vite le trône de cette intruse. Une cabale fut organisée, et l'on finit par savoir la profession de Catherine. Une des conjurées se chargea alors de renverser cette puissance naissante.

— Pardon, si je vous dérange, belle dame, dit-elle d'un ton impertinent en abordant madame Voisin ; mais, ayant appris par hasard quel est votre métier, je viens charitablement vous prévenir qu'il se présente pour vous une occasion superbe de gagner quelque argent. Ma chienne favorite est sur le point de mettre bas ; rendez-vous à mon hôtel, et remplissez auprès d'elle vos fonctions d'accoucheuse ; mon intendant vous paiera grassement, et j'ordonnerai à ma livrée de donner sa pratique à votre mari l'apothicaire.

A ces mots, des rires éclatèrent de tous côtés, et la pauvre Catherine, interdite, le rouge de la colère au front, le feu de la vengeance dans les yeux, vit ses courtisans d'une heure se venger en lui tournant lâchement le dos. Elle se retira devant les huées de la valetaille, n'ayant rien trouvé à répondre à l'arrogance de cette grande dame, qui venait de l'écraser publiquement du haut de son mépris.

Elle rentra chez elle, en proie à une fureur impossible à décrire. A son arrivée, elle fit appeler Lesage dans sa chambre et, dès qu'il parut, elle tourna toute sa rage contre lui.

— Venez, lui cria-t-elle, vous qui m'avez sacrifiée en me forçant à cet indigne mariage, qui fait mon malheur, venez jouir de mon humiliation, de ma honte.....

— Quelle mouche vous pique, mon amie, et qu'avez-vous à m'apostropher ainsi?... Ce mariage que vous me reprochez sans cesse, n'est-ce pas à lui que vous devez ce luxe, ces plaisirs et cette liberté ?.....

— Et l'affront qui vient de m'être infligé, pensa Catherine.

— Comment, sans lui, eussiez-vous joui de tous ces avantages ?

— J'aurais vendu mon corps, ma vie, mon âme, s'il l'eût fallu, à quelque grand seigneur dont je serais devenue la maîtresse... Il en est de moins belles que moi qui ont été achetées... Comme elles, j'aurais brillé dans les carrosses armoriés ; suivie de la livrée de mon amant, j'aurais paru aux fêtes, aux théâtres, aux promenades ; je ne serais pas obsédée d'un vieux mari qui m'ennuie... enfin je n'aurais pas été insultée comme je viens de l'être...

— Insultée !... vous ?...

— Oui, moi, femme Voisin, et devant les plus hauts personnages de la cour.

Et d'une voix où tremblait encore une colère mal apaisée, elle lui raconta la scène humiliante dont elle avait été victime.

— Vous n'êtes pas raisonnable, conclut Lesage, après avoir attentivement écouté ce récit.

— Et c'est là tout ce que vous trouvez à me dire pour me consoler ? fit-elle d'une voix ironique.

— J'aime mieux vous donner des conseils que des louanges : les uns vous seront plus utiles que les autres. Certes, je ne nie pas vos heureuses dispositions, mais vous les paralysez par votre orgueil. Devenir l'égale des grandes dames, marcher de pair avec des duchesses, c'est là, ma chère, croyez-moi, un rêve irréalisable.

— Eh bien, je marcherai avant elles ! s'écria Catherine avec violence. Ces nobles dames me repoussent de leurs rangs et me ferment leurs hôtels ; je veux qu'elles viennent m'implorer chez moi ; je veux qu'elles me livrent leur or et jusqu'à leur honneur en me faisant la confidente de leurs secrets, de leurs crimes. Elles ont la noblesse et la fortune ; moi, j'aurai l'adresse et la volonté ; je connaîtrai leurs vices et je serai la maîtresse de leur vie et de leur honneur.

— Quels sont donc vos projets ? demanda le prêtre étonné.

— Depuis l'âge de neuf ans, je cultive l'étude des sciences occultes. Je veux reprendre mon métier de devineresse. Je connais ces grandes dames, leurs intrigues, leurs amours, leurs consciences, leur superstition. Depuis que je fréquente la place Royale, j'ai appris plus de choses qu'il ne m'en faut pour dire à toutes leur passé et tirer de cette connaissance leur horoscope pour l'avenir. De nouveau donc je veux m'établir devineresse. C'est ma destinée.

— Qui vous l'a dit ?

— Qui ?... les cartes, le blanc d'œuf, que j'ai consultés. Et puis c'est ma volonté. C'est pour moi la richesse, le bonheur ; c'est surtout la vengeance, ajouta-t-elle d'une voix âpre ; ma résolution est immuablement arrêtée.

— Et je l'approuve, votre résolution, je l'approuve de toutes mes forces. Destinelli, Davot et moi, réunis à vous, quelle puissance, surtout appuyée sur les ressources d'un laboratoire !

— Avec quel feu vous me dites cela ! fit la sage-femme ; mais il m'est bien difficile de m'élever au diapason de votre enthousiasme, et cela par la raison toute simple que j'ignore ce que Destinelli, Davot et vous, vous faites dans le laboratoire que je vous ai fait donner par Voisin pour vos expériences.

— Nous cherchons les moyens de faire de l'or, répondit le prêtre.

— Vous cherchez la pierre philosophale ; je doute que vous arriviez à la trouver ; mais moi, je vais vous indiquer un procédé infaillible pour faire de l'or : inventez des philtres pour rendre amoureux, des philtres pour rendre odieux, des philtres qui rajeunissent, qui rendent gais ou tristes, beaux ou laids, bons ou méchants.....

— Et rien de plus ? interrompit Lesage en fixant sur Cathërine un regard étrange.

— Rien... pour le moment du moins, se reprit-elle.

— Vous aurez tous ces philtres, déclara le prêtre ; mais, pour travailler avec succès, il nous faut de l'argent, et nous n'en avons plus.

— Il nous reste la dot de Voisin dont j'ai là une partie, fit Catherine en courant à son secrétaire, d'où elle revint avec une bourse de forme assez replète, qu'elle remit à Lesage. Voici un à-compte, et je saurai bien en obtenir d'autres de Voisin : ses économies ne sont pas encore épuisées. Travaillez donc de votre côté ; je travaillerai du mien, et nous nous réunirons prochainement pour nous concerter ensemble sur les moyens d'attaque contre la bêtise humaine... en attendant mieux.

— Ma belle Catherine, fit le prêtre radieux en embrassant longuement madame Voisin, vous ne m'avez jamais paru aussi ravissante qu'aujourd'hui.

— Et vous aussi docile.

— Enfin, le jour du triomphe n'est pas éloigné, si vous consentez à seconder nos projets.

— Quels projets? que voulez-vous dire? demanda madame Voisin surprise.

— Que nous soumettrons bientôt à notre joug cette noblesse superstitieuse et criminelle, grâce aux secrets que nous possédons pour prédire l'avenir, pour aider aux évènements..... ou les vaincre. Oui, nous avons tous les ressorts, enfin... il ne nous manquait qu'un être intelligent pour les faire mouvoir, et cet être, je viens de le trouver : c'est vous.

— Je ne vous comprends pas bien, expliquez-vous plus clairement ; car, avant de conclure une association, il est bon qu'il ne reste pas de nuages dans les esprits.

— Revêtus du caractère de prêtre, et exerçant notre saint ministère pour la plus grande gloire de Dieu, fit Lesage d'une voix moqueuse, nous ne pouvions décemment, Davot et moi, retracer le passé, prédire l'avenir et nous mêler d'une foule de choses secrètes qui intéressent vivement l'honneur des familles. Destinelli, l'Italien au physique grêle, qui parle difficilement notre langue, inspire peu de confiance, et puis il nous rend plus de services dans le laboratoire de Voisin qu'il ne nous serait utile au dehors. Or, pour que l'art du devin soit fructueux, il faut s'adresser principalement aux grandes dames, qui passent leur vie dans les trahisons et dans les complots contre les maris, et pour inspirer de la confiance aux femmes, il faut une femme, une femme qui impose par sa prestesse, par sa figure, par sa parole, une femme qui désire de l'or et veuille en gagner à tout prix ; et cette femme, c'est bien vous ; car vous êtes belle, rusée et hardie, vous aimez le luxe et les plaisirs, et de plus vous avez une force invincible : vous voulez vous venger. Comprenez-vous maintenant pourquoi je vous ai fait épouser Voisin? Si je ne vous ai pas plus tôt fait part de mes projets, c'est que j'attendais de vous une résolution virile. Aujourd'hui vous êtes décidée ; voilà pourquoi vous me voyez si docile et si satisfait.

— Je comprends maintenant, dit lentement Catherine ; vous voulez faire de moi un instrument.

— Oh! vous vous trompez, protesta le prêtre ; seulement, si vous voulez bien vous laisser diriger par nous.....

— Que vous disais-je ?...

— Suivre nos conseils......

— C'est-à-dire exécuter vos ordres.

— Pouvez-vous croire cela ?

— A quoi bon vous en défendre, puisque j'accepte ?

— Quoi! vous consentiriez.....

— J'accepte, vous dis-je... j'accepte, parce que, malgré vous, je deviendrai seule maîtresse de l'association ; parce que vous m'obéirez ; parce que vous serez les esclaves de mes volontés, car Davot, Destinelli et vous, vous êtes trois lâches. Oui, lâches, répéta Catherine à un geste de protestation du prêtre, puisque vous n'osez entreprendre au grand jour une besogne dont vous vous déchargez sur une femme. Eh bien, cette femme l'entreprendra, sans crainte et sans remords.

— Soit, fit Lesage, étonné de l'énergie subite de madame Voisin, et heureux, en se disant que, par ruse, il arriverait à paralyser cette domination dont elle les menaçait. Commençons d'abord, nous verrons ensuite.

En ce moment, un laquais vint prévenir madame Voisin qu'un nègre, dont on n'avait pu se débarrasser, insistait pour lui parler.

— Faites-le entrer, dit Catherine, intriguée, en congédiant Lesage.

Le nègre fut introduit. Il s'avança vers la jeune femme et attendit debout, qu'elle daignât lui adresser la parole.

La sage-femme examina curieusement cet homme. Elle se souvint de l'avoir aperçu plusieurs fois, lui faisant escorte, quand elle sortait. Agé d'une trentaine d'années, il offrait un des types les moins laids de la race noire. Catherine constata, non sans une secrète satisfaction, qu'il était bien fait, d'une taille souple et élégante, que son regard indiquait la franchise et ses membres, la force.

— Vous avez insisté pour me voir, que me voulez-vous ? lui demanda-t-elle.

— Je me trouvais là quand cette dame vous a fait cet affront sur la promenade de la place Royale, répondit le nègre.

Catherine tressaillit à ces mots, qui lui rappelaient l'injure sanglante dont le dard empoisonné était resté piqué au cœur.

— Eh bien ! fit-elle d'une voix amère, n'avez-vous forcé ma porte que pour venir me rappeler cette mortelle offense ?

— Oh ! non, se récria le nègre ; je suis venu me mettre au service de votre vengeance.

— Seriez-vous assassin de profession ? demanda madame Voisin d'un ton dédaigneux.

— Non, mais dites un mot et je tuerai celle qui vous a insultée.

— La connaîtriez-vous ? s'enquit vivement la jeune femme.

— Je ne l'ai vue qu'une fois, je ne sais ni son nom ni sa demeure ; mais je les découvrirai, si vous me l'ordonnez.

— Seriez-vous donc son ennemi ?

— Oui.

— Eh ! quoi ! sans la connaître ? D'où vient cette haine ?

— De l'insulte qu'elle vous a faite.

— Que vous importe ?

— Je vous aime !

A cette déclaration catégorique, malgré son empire sur elle-même, Catherine ne fut pas maîtresse d'un mouvement de répulsion. Etre aimée d'un nègre, elle qui avait vu des seigneurs à ses pieds ! Le rouge de la honte lui monta au front et elle fut prise d'une sorte de terreur en présence de cet homme dont les regards ne se baissaient pas devant les siens. Sans doute il s'aperçut de l'impression pénible produite par son aveu, car il reprit d'une voix triste et douce :

— Rassurez-vous, madame ; de moi vous n'avez rien à craindre. Il y a deux ans que je vous aime... sans espoir ! Vous ai-je jamais importunée ? Si je suis ici aujourd'hui, c'est que, place Royale, j'avais cru lire dans vos yeux l'ardent désir d'être vengée. Je suis venu m'offrir pour être l'instrument de votre haine. Je regrette de m'être trompé. Veuillez me pardonner, madame.

Et, dit M. Alboize, sans ajouter un mot, le nègre se retira, laissant Catherine immobile et singulièrement impressionnée de cette sorte d'apparition. Mille sentiments divers l'agitaient. Certes elle n'aimait point cet homme, et ne l'aimerait probablement jamais. Néanmoins elle était étonnée de cette adoration muette qui ne se traduisait que par du dévouement ; peut-être même son cœur blasé n'était-il pas encore complètement indifférent et goûtait-il déjà quelque charme aux élans de ce bizarre amour. Elle le devinait : elle trouverait là une fidélité à toute épreuve, une obéissance absolue. Dans cette criminelle association qu'elle venait de conclure avec Lesage et ses ténébreux collaborateurs, peut-être aurait-elle besoin d'une protection occulte, dévouée jusqu'au fanatisme, d'un instrument dont elle frapperait ses ennemis sans danger pour elle-même. Elle trouverait tout cela dans le nègre et quand elle voudrait, elle pourrait faire appel à cet esclave, il viendrait à sa voix, heureux d'offrir sa vie pour mieux affirmer son amour.

— Sans doute, se dit-elle tout à coup, mais pour l'appeler, il faut savoir où le trouver, et j'ignore jusqu'à son nom et son adresse. Ah! bast! conclut-elle avec un geste de coquetterie, s'il m'aime comme il le dit, — et je n'en doute pas, — je le retrouverai toujours bien dans le rayonnement de ma beauté.

Sûre de ce dévouement, Catherine se remit avec ardeur à l'étude des sciences occultes, tandis que, de leur côté, les deux prêtres et Destinelli redoublaient eux-mêmes d'efforts et de travaux dans le laboratoire qu'à la demande de sa femme, Voisin avait mis à leur disposition, sans se douter qu'il allait être la première victime de ces scélérats.

IV

COMMENT DES PRÊTRES DÉBARRASSÈRENT UNE FEMME DE SON MARI

En quittant Catherine, après l'entretien que nous avons rapporté précédemment et dans lequel la sage-femme avait promis son concours à Lesage, ce dernier avait gagné le laboratoire de Voisin où il avait trouvé Destinelli et Davot occupés à des recherches sur les toxiques.

Rien de plus bizarre et de plus saisissant que ce laboratoire d'apothicaire transformé en officine de poisons.

Une lampe à trois becs éclairait le contenu de cette salle, espèce de cauchemar de formes et de couleurs, soudain réalisé et digne du pinceau de Rembrandt. Aux murs pendaient des squelettes décharnés ; sur la cheminée un chat empaillé tenait ouverts ses gros yeux ronds et fixes, et au-dessus, une chauve-souris, clouée à la muraille, étendait ses ailes membraneuses ; accroupie dans un fauteuil, une momie tournait la tête vers la porte, montrant ses yeux creux sans rayons, ses gencives sans chair, ses dents noires branlant dans leurs alvéoles et sa bouche sans lèvres, — une affreuse ébauche, les restes peut-être d'une femme divinement belle autrefois. — Du plafond, attachés à des fils de fer, pendaient des reptiles et des hiboux empaillés. Dans des bocaux grouillait un monde d'animaux aquatiques qui faisaient vaguement songer à d'infâmes expériences ; dans d'autres, des fœtus aux chairs flasques, conservés dans l'esprit-de-vin ; une chouette, perchée sur un bâton, roulait ses gros yeux ronds et semblait occupée de choses cabalistiques. Sur les meubles, des livres jetés pêle-mêle parmi des bizarreries, des monstruosités. Dans un coin un fourneau allumé sur lequel chauffait un alambic, et tout autour des creusets, des fioles, des bocaux et des paquets étiquetés.

— Victoire ! s'écria Lesage en entrant dans le laboratoire. Catherine consent enfin à être l'intermédiaire entre nous et le public. C'est pour nous la fortune !

— C'est en tout cas notre domination assurée à Paris, rectifia Destinelli.

Au bruit qu'avait fait la porte en roulant sur ses gonds, un troisième personnage avait levé les yeux de dessus un énorme in-folio. Il était vêtu d'une ample robe noire et coiffé d'une calotte rouge ; devant lui, sur la table, se trouvaient un masque de verre, destiné à protéger la vie de l'alchimiste contre les exhalaisons mortelles de ses combinaisons chimiques, et une horrible tête de mort dans l'intérieur de laquelle brûlait une résine.

Cet homme était le collaborateur de Lesage, le prêtre Gilles Davot.

— Maintenant que nous est assuré le concours de madame Voisin, fit-il, viennent les occasions de débiter nos *poudres dc succession* et nous ne les laisserons plus échapper. Sous le couvert de son diplôme de sage-femme, Catherine agira à notre instigation, débitera nos drogues sans faire naître les soupçons et ainsi nous pourrons travailler impunément dans l'ombre... à notre grand œuvre, acheva le prêtre d'un ton narquois.

— Il est certain, conclut Lesage, que cette collaboration est la réalisation inespérée de nos rêves incessants... A propos, Destinelli, avez-vous des nouvelles de nos affidés de province et de l'étranger ?

— Oui, et d'excellentes, surtout celles de l'étranger, et principalement d'Italie et d'Espagne, où le catholicisme a revêtu le caractère d'une idolâtrie cruelle, sombre, grossière. Vous le savez, par delà les Alpes et les Pyrénées, la vengeance perfide, la ruse mortelle et le fanatisme intolérant règnent en maîtres. La politique des princes, comme celle des particuliers, y procède par la lâcheté cauteleuse, par l'assassinat sans danger pour l'assassin.

— Bons pays pour des... devins, remarqua Lesage.

— Sans doute, reprit Destinelli, et pour ma part je ne m'en plains pas, ni notre ami Vanens non plus, j'en répondrais ; mais, si par notre influence nous rayonnons sur l'Europe entière, n'oublions pas que nous avons choisi Paris pour centre de nos opérations et qu'il serait honteux pour nous d'échouer, nous, les chefs de l'entreprise.

— Nous réussirons, affirma Lesage ; j'en ai pour

garant la promesse formelle de mon esprit familier.

Disons en passant qu'à l'imitation de Socrate, le prêtre Lesage prétendait avoir son génie. Ce génie invisible le conseillait et s'inspirait lui-même, pour l'éclairer, des mages d'Orient, avec qui il avait des conférences.

— Certes, je ne nie pas la prescience de votre esprit, observa Davot, d'un ton légèrement moqueur ; néanmoins, ne nous dissimulons pas les difficultés contre lesquelles nous nous heurterons. En effet, la France, défendue par son vieil esprit gaulois, sceptique et railleur, semble absolument réfractaire aux sortilèges et aux inventions de la magie. Et cependant ses rapports avec l'Espagne et l'Italie auraient dû, en quelque sorte, servir de véhicule aux superstitions, à la croyance au surnaturel et au fanatisme, auxquels ces deux contrées sont en proie. Eh bien, Catherine et Marie de Médicis, Anne d'Autriche et Mazarin ont eu beau y apporter avec eux les abominables pratiques de leur patrie : les vices immondes, les superstitions, les crimes étranges, les crédulités grossières, les galanteries qui se dénouent par le poison, c'est à peine si la France a été salie par toute cette fange.

— Je ne suis pas tout à fait de votre avis, objecta Lesage. Que de tromperies, que de complots, que d'assassinats depuis la régence de Catherine de Médicis !

— Sans doute, mais ils sont commis en général par

des Italiens ou des Espagnols, remarquez-le. Ainsi le chancelier de Birague, Gondi, les instigateurs de la Saint-Barthélemy, c'est une engeance ultramontaine. Sous Henri IV, on conspire le couteau d'une main, le poison de l'autre, et le fanatisme aux lèvres, mais là encore on retrouve l'Italien mêlé à l'Espagnol. C'est un Italien, Zamet, ce favori de Marie de Médicis, qu'on accuse non-seulement d'avoir empoisonné Gabrielle d'Estrées, mais encore Henri IV, qui n'a échappé à la mort que grâce à son tempérament. Bref, toute cette valetaille affamée, venue d'au-delà des monts, avec les Côme Ruggieri, les René, les Galigaï et les Mazarin, a envahi la France pour la mettre à rançon ; ils sont ou astrologues patentés, ou parfumeurs possédant des secrets diaboliques, ou encore professeurs d'avortement. On les craint, certes, parce qu'on n'ignore pas qu'ils savent jouer du couteau et du poison, mais on n'utilise guère leurs talents.

— Peut-être avez-vous raison pour le passé, reprit Lesage ; mais l'avenir est à la magie et mieux encore aux prêtres qui, couverts du manteau de la religion, sauront mettre leur puissance au service des haines et des jalousies. Pour eux la religion ne doit plus être que la peur du diable, un ensemble de petites pratiques abrutissantes. En Italie et en Espagne, dans ces pays infectés de la peste morale que nous voulons inoculer à la France, le prêtre, idolâtre lui-même et corrupteur, modèle sa religion bizarre et malsaine sur les vices de ses ouailles. Les prêtres, qui consentiront à se rallier à notre œuvre, prendront l'engagement de faire de Dieu et du diable deux instruments d'intérêt personnel. Pour s'emparer de l'esprit de la femme et le dompter, ils diront des messes d'amour et mêleront à l'hostie consacrée les cheveux et les rubans confiés par l'amoureuse délaissée dans l'espoir de ramener l'amant volage.

— Pratiques bonnes dans cet immense mauvais lieu qui s'appelle Rome, fit Davot, mais qui soulèveraient le cœur de nos Françaises.

— Et moi, affirma Lesage, je vous certifie qu'avant peu la cour de Louis XIV sera aussi corrompue que celle du Vatican. N'avons-nous pas, pour aider à la démoralisation, les nièces de Mazarin : Laure, Marie, Hortense et surtout Marie-Anne et Olympe Mancini ? Oui, je vous le dis, ces Mancines ne tarderont pas à nous donner de la besogne, car ce siècle, que déjà l'on appelle grand, sera grand surtout par le crime !

— Le diable vous entende ! soupira Davot.

— Et vous exauce ! acheva Destinelli.

— A propos, vous avez prononcé tout à l'heure le nom de Vanens, auriez-vous de ses nouvelles ? demanda Lesage à Destinelli.

— J'ai reçu de lui un long mémoire où il m'informe de tous ses faits et gestes; il m'avise que sa clientèle prend de l'extension et que le nombre des affiliés à notre œuvre s'accroît tous les jours,

— Je vous remercie de ces bons renseignements, fit Lesage en se retirant.

Nombreux étaient les fils de cette trame ourdie par l'association Lesage et Cie. Le principal commis-voyageur en poisons était un certain Louis Vanens, gentilhomme ou soi-disant tel, joli garçon, trente ans au plus, de belles dents, la jambe bien faite, la mine haute, beau parleur, galant, entreprenant, gai compagnon, fréquentant volontiers les maisons suspectes. Il avait des accointances dans le duché de Luxembourg, visitait souvent Chambéry, était non moins avantageusement connu à Turin qu'à Venise. Dans un voyage en Savoie, en 1673, il assista à une chasse du duc régnant. Tout mouillé de sueur par suite de ce rude exercice, ce prince regagna son palais; mais il n'eut pas plus tôt changé de linge qu'il fut pris de frissons et de vomissements. La chemise avait été préparée, à l'italienne, par Louis Vanens, qui, du reste, ne se faisait faute de répéter qu'*il avait passé la chemise au duc.*

Ce gai vivant ne dédaignait pas les actrices. Il fréquentait assez souvent chez une comédienne de l'hôtel de Bourgogne qui donnait à souper à de jeunes seigneurs, aimait le plaisir et ne regardait point à la dépense. Robert de la Mirée, seigneur de Bachimont, était un des habitués de ce galant tripot.

Vanens se lia avec ce gentilhomme et avec un autre nommé Sainte-Colombe, et leur parla de poudre de projection, de transmutation. Volontiers Vanens se donnait comme initié au grand œuvre, habile dans l'art de faire des métaux précieux. Séduit, Bachimont avait voulu tenter quelques essais, entre autres, il avait cherché à faire de l'argent à l'aide d'un bain dans lequel entrait du suc d'ognon d'esquille ; mais, bien que le valet de Vanens, un nommé Chaboissière, eût soufflé à cœur-joie, on n'avait réussi à rien.

Vanens, pourtant, parlait de vendre son secret mille écus. Il affirmait être en mesure de faire de l'argent et de fait il avait envoyé Bachimont vendre des lingots à la monnaie de Paris. Ce que savait surtout Bachimont, c'est que Vanens employait d'étranges mélanges de drogues, du séneçon, du vitriol blanc, du cuivre, du salpêtre, de la couperose, de l'huile de pétrole, de l'eau-forte.

Quant à Sainte-Colombe, il portait encore plus haut ses visées ; il faisait des diamants, des rubis, des émeraudes, ou du moins il le disait.

Bref, toute une bande de vauriens exploitant la crédulité publique, allégeant les bourses, vidant les écrins, ne reculant pas même devant les plus noires scélératesses.

Un jour, par exemple, à Marseille, Vanens et ses amis avaient été avisés par un petit laquais qu'un des leurs, un certain major du régiment de la Croix-Blanche, nommé Chastuel, se trouvait fort en peine, ayant eu maille à partir avec la justice. Il avait fait un enfant à une fille et, pour dissimuler l'accident, qui compromettait l'honneur d'une famille, il n'avait rien trouvé de mieux que de séquestrer la fille d'abord, de l'étrangler ensuite et enfin, une nuit, aidé de son sergent La Roche, d'enfouir le cadavre sous cinq pieds de terre. Les juges avaient mal pris la chose : ils avaient ordonné des poursuites contre Chastuel qui, happé par les archers, allait être roué, si ses amis ne l'eussent, à force d'argent, tiré des mains de l'exécuteur.

L'association Vanens avait encore une autre source de revenus provenant de l'arsenic, du sublimé corrosif, de l'antimoine, vendus à des femmes pressées de devenir veuves, à des héritiers avides et aussi à des maris fatigués de leurs femmes.

Louis Vanens multipliait les crimes : il empoisonna un abbé Chapelle, un certain Petit-Jean ; il fit boire à M. d'Aligre un verre d'eau-de-vie « corrodée de safran, avec du soufre d'or ».

Il faisait des prières à rebours sur le derrière de son chien qui, disait-il, était possédé du diable. Il entretenait d'ailleurs avec ce dernier un commerce très actif et il adorait habituellement un crucifix et une image de la Vierge, dessinés avec du charbon sur le mur blanc de sa cuisine. Mais ces jongleries n'étaient que la surface ; au fond, la profession réelle de Vanens, qui expliquait sa mobilité perpétuelle, ses voyages sans fin, était, comme nous dirions aujourd'hui, la commission en poisons. Vanens parcourait incessamment l'Allemagne et l'Italie, rayonnant, en France, de Paris à Lille et de Paris à Marseille. Entrepositaire de substances vénéneuses, entremetteur de crimes à forfait, il prenait commande chez Laforêt, chez la Chapelain, chez la Beauregard. Ces coquines, ayant clientèle dans le plus grand monde, se procuraient par Vanens, qui des boissons pour faire avorter, qui des poudres pour faire hériter ou pour mettre fin à un mariage incommode. Aux clients sérieux, on vendait purement et simplement, à belles pistoles sonnantes, la liqueur ou la poudre, le suc de cantharides ou l'arsenic distillé au suc de crapaud. Pour les crédules, on ajoutait à la substance mortelle le ragoût d'une incantation, d'une messe sacrilège, d'un feu de fagots.

Quelques-uns des complices de Vanens avaient ouverture dans la meilleure société du Midi, Chastuel, par exemple, qui était fils d'un procureur général des comptes à Aix.

Pour entretenir et faire manœuvrer un personnel aussi nombreux, il fallait de l'argent.

Catherine en avait promis à Lesage; cependant, en dépit du proverbe qui dit que l'amour rend aveugle, Voisin constata avec douleur qu'une large brèche avait été faite à ses économies. C'était la misère à courte échéance, s'il ne réagissait pas contre le luxe effréné de sa femme; il osa donc lui faire quelques observations.

— Lorsque je vous ai épousée, — pour ma ruine et pour mon malheur, — lui dit-il un jour d'une voix triste mais ferme, j'avais cinquante mille livres; il

m'en reste dix mille à peine, le surplus a été dépensé
par vous. A mon âge on ne refait pas une fortune ;
je vous préviens donc que je garde pour mon usage
personnel les dix mille livres que j'ai sauvées de vos
mains prodigues.

A ces mots, Catherine, habituée à n'avoir pour
règle que ses caprices, se redressa, prête à entrer en
révolte contre ce pouvoir inattendu qu'elle qualifia
de despotique ; elle s'emporta jusqu'à menacer Voisin ; mais ce dernier resta inébranlable et il se retira
en jurant qu'il n'accorderait plus rien.

Ivre de rage, Catherine envoya chercher Lesage à
qui elle fit part de la décision de son mari.

— Eh bien, conclut-elle, ce beau mariage, vous
voyez où il nous a menés !

— Patience ! fit Lesage ; il nous a déjà menés à de
bons résultats ; d'abord, en ce qui nous concerne,
nous touchons au but de nos travaux ; ensuite, vous
êtes déjà très forte dans l'art de la magie.

— A quoi cela nous servira-t-il, si je reste enchaî-
née à cet homme, qui s'insurge et me refuse de l'argent?... Il ne consentira jamais à ce que je redevienne
devineresse... il me forcera à rester sage-femme. Je
veux me séparer de lui.

— Avant d'en arriver à une telle extrémité, toujours fâcheuse, songez qu'il possède encore dix mille
livres et surtout un laboratoire, avec des instruments
précieux, que nous parviendrions difficilement à nous
procurer ailleurs.

— Que m'importe, si je ne puis jouir de ma liberté, si je ne puis faire ce que je veux ? Dès demain, je vous en préviens, je fuirai cette maison.

— Mais les dix mille livres ?... Et puis on ne quitte pas un mari aussi facilement que cela ; s'il le veut même, il vous fera revenir ici ou enfermer.

— Enfermer !... Ah ! çà, dans quel guêpier m'avez vous jetée ?... Je ne puis plus quitter mon mari, à présent ?

— Non, s'il s'entête à vouloir vous posséder sous son toit.

— Mais je vous répète que je veux que ça finisse, ou bien... ou bien je m'en prends à vous.

— A moi ?

— Sans doute. C'est vous qui m'avez mariée, c'est à vous de me démarier, de me rendre libre. Faites rompre ce mariage, je vous l'ordonne, et pour cela, je vous accorde jusqu'à demain.

— C'est impossible.

— Trouvez un moyen, n'importe lequel, ou prenez garde...

— En si peu de temps, comment voulez-vous qu'on puisse...

— Arrangez-vous. S'il vous faut des années, autant attendre que Voisin meure de vieillesse.

— Il ne faut pas des années, mais des mois...

— Des mois dans cette galère ! A mon tour de vous crier impossible ! Je vous donne huit jours.

— C'est bien peu.

— C'est beaucoup trop pour moi. Si dans huit jours...

— Eh bien, dans huit jours, soit. Je tâcherai de vous satisfaire ; mais il faut encore bien du travail pour assurer la réussite... sans danger pour nous.

— Travaillez, mais surtout ne me manquez pas de parole.

Lesage quitta Catherine, se rendit dans le laboratoire et fit part à ses associés de la mise en demeure que venait de lui faire madame Voisin, à savoir de la débarrasser de son mari dans un délai de huit jours.

— J'ai eu beau m'en défendre, ajouta Lesage, il m'a fallu promettre... dans l'intérêt de notre association. A vous de trouver le moyen qui me permettra de tenir mon engagement.

— Il n'y en a qu'un, fit Destinelli.

— Lequel ?

— C'est de tuer, d'un coup de couteau, ce mari gênant.

— Le couteau laisse des traces ; je préférerais user d'un toxique, opina Davot, d'autant plus que ce serait une belle occasion pour expérimenter *in animâ vili* notre nouveau poison, et juger ainsi de sa valeur.

— Je me rallie à cette proposition, fit Lesage.

— Et moi aussi, dit Destinelli. Ce qui importe actuellement, c'est que nous délivrions Catherine de son mari et que plus étroitement nous nous attachions cette veuve par le lien du crime.

5.

Quelques jours après cet entretien, Voisin expirait sur son lit, en proie à d'atroces souffrances.

M. Alboize nous a laissé le récit de cette mort affreuse.

« Trois hommes étaient auprès de ce malheureux et, armés de flambeaux, examinaient avec attention sur son visage et sur son corps les progrès et les résultats du poison qu'ils lui avaient fait prendre.

— Vous nous avez trop pressés, disait Davot à Lesage ; ce poison n'est pas encore à l'état de perfection désirable.

— C'est vrai, répondait Lesage ; nous aurions dû le travailler davantage ; mais nous n'en avons pas eu le temps. Si vous aviez vu Catherine quand elle m'a parlé ! Nous ne pouvons rien sans cette femme, vous le savez.

— Heureusement, ajouta Destinelli, nous avons la latitude d'étudier les effets de notre poudre sur cet homme. Vous voyez, dit-il en s'adressant à Davot, que nous y avons mis trop d'*avium risus;* ce n'est pas un rire qui secoue ce corps, c'est une contraction musculaire qui tord tous les membres. On dirait les effets de l'arsenic.

— Il a raison, appuya Lesage ; voyez la figure ; la bouche est déjà de côté, les yeux sortent de leur orbite ; les jambes et les bras se retournent. Ce poison ne vaut rien.

— Oui, je vois ce qu'il en est, dit Davot, qui, ses notes à la main, calculait les quantités de drogues employées ; oui, il y a trop de *grenouillette ;* mais je suis sûr, la prochaine fois, de réussir. Le sujet mourra par une contraction beaucoup moins forte, qui n'atteindra que le cœur et le visage ; car, pour les yeux et la bouche tournée, on ne pourra jamais l'empêcher avec ce poison ; il n'y a, du reste, aucun inconvénient : cela présente simplement les symptômes de l'apoplexie foudroyante.

— A la bonne heure, dit Lesage ; mais le sujet est trop long à mourir. Il y a bientôt plus de cinquante heures que la potion lui a été administrée, et il râle encore avec une force qui menace de prolonger l'agonie jusqu'au jour.

— C'est mon avis aussi, dit Destinelli ; et il est d'autant plus important d'obvier à ce grave inconvénient, que beaucoup de personnes ne voudront pas voir longtemps le spectacle que nous avons sous les yeux.

— C'est juste, répondit Davot. Il faut que, selon les besoins ou la position de nos clients, la mort frappe comme la foudre et procure une agonie qui paraisse naturelle. Dans tous les cas, celle-ci est insoutenable et je vous réponds qu'elle n'aura plus lieu désormais. Mais laissez-moi à mes calculs, et continuez d'examiner et de tenir note des effets du poison. »

Il se fit alors un grand silence, troublé seulement par le râle de l'infortuné pharmacien, que la vie ne voulait point quitter. Les trois misérables, insensibles à cet affreux spectacle, continuaient à étudier les effets du poison et la marche lente mais sûre de la mort. Ils portèrent leurs mains criminelles sur ce corps, secoué par les derniers soubresauts de l'agonie, afin de s'assurer que l'insensibilité commençait et que le cœur allait cesser de battre. Enfin ils recueillirent sur un verre le souffle suprême ; puis, sans terreur comme sans pitié, ils raisonnèrent froidement les effets du poison ; lorsqu'ils n'eurent plus qu'un cadavre sous les yeux et qu'ils eurent constaté qu'il ne restait aucune trace d'intoxication, une joie féroce éclaira leur visage et un rire satanique éclata sur leurs lèvres.

« Un prêtre sacrilège et un empoisonneur, avec cela, disait un grand artiste, je peindrais l'enfer d'après nature. »

Chose horrible ! pendant que se jouait la dernière scène de ce drame, Catherine, ivre de vin et de volupté, s'endormait dans les bras de son nouvel amant, le nègre Joachino !

Catherine avait eu raison en se disant qu'elle retrouverait cet adorateur dans le rayonnement de sa beauté. En effet, à chacune de ses sorties, elle le voyait, la suivant de loin, silencieux et morne. Catherine éprouvait un âpre orgueil à s'avouer que jamais femme n'avait été aimée de la sorte et elle se surprenait à rêver avec cet homme des ivresses surhumaines !

Un jour, elle accomplit sa promenade habituelle, sans l'apercevoir. Cette absence la rendit inquiète et morose. Le lendemain, elle fit atteler de meilleure heure qu'à l'ordinaire, le nègre ne se montra point. Huit jours se passèrent ainsi.

— Joachino est mort, se dit-elle.

Elle commençait à regretter de ne pas l'avoir attaché à sa personne en qualité de domestique, lorsque, en regardant par la fenêtre ouverte, elle l'aperçut dans la rue, maigre, faible, triste, et se traînant à grand'peine vers la borne sur laquelle il avait l'habitude de venir s'asseoir. A cette vue, elle ne put retenir un cri de joie et, curieuse de connaître les motifs de cette longue absence, elle envoya chercher le nègre. Il parut, mais, malgré la joie qui brillait dans ses yeux, il était aisé de voir qu'il était en proie à une souffrance atroce.

— Pourquoi êtes-vous resté si longtemps absent? lui demanda Catherine.

— Deux choses pouvaient seules m'empêcher de venir monter ma faction quotidienne sous vos croisées et de vous suivre discrètement dans vos sorties : la maladie ou la mort. Depuis huit jours je n'ai pas eu la force de quitter mon lit.

— Quelle maladie aviez-vous donc? s'enquit la sage-femme.

— J'avais la poitrine trouée de deux coups d'épée, répondit le nègre en ouvrant sa chemise et en découvrant une large plaie à demi cicatrisée.

— Qui vous a accommodé de la sorte? fit madame Voisin, prise de pitié.

— Trois jeunes seigneurs que j'ai rencontrés au milieu de la nuit.

— Et que leur aviez-vous fait pour qu'ils vous gratifiassent de cette affreuse blessure ?

— Je les avais attaqués.

— Pourquoi ?

— Parce que je les avais reconnus comme ayant été du nombre de ces jeunes seigneurs qui vous avaient lâchement abandonnée sur la place Royale.

— Fou !... qui vous avait donné mandat de me venger ?

— Personne ; mais c'était une satisfaction que je me voulais donner.

— Et vous n'avez pas été inquiété, arrêté ?

— J'ai eu la force de m'éloigner du lieu de la lutte où j'avais décousu deux de mes adversaires, et de regagner mon logis, où, huit jours durant, la fièvre m'a cloué sur mon grabat.

— A l'avenir, je vous défends de jouer ainsi du poignard..., à moins que je ne vous l'ordonne, fit Catherine.

— Il suffit, maîtresse, j'obéirai.

— Et votre blessure, qui l'a soignée ?

— Moi. Nous autres nègres, nous avons des recettes pour guérir toutes sortes de plaies. J'ai usé de la médecine de mon pays... qui en vaut bien une autre.

— Ah ! pendant que j'y songe, votre nom ?

— Joachino.

— Depuis combien de temps habitez-vous Paris ?

— Depuis trois ans. J'y suis venu comme esclave ; mais, quand je vous eus vue, je résolus de m'affranchir. Je suis libre aujourd'hui, ou plutôt, se reprit-il je ne reconnais pas d'autre maîtresse que vous.

— Et qu'allez-vous faire maintenant? demanda Catherine, après un moment de réflexion.

— Ce que j'ai fait depuis que je vous connais, c'est-à-dire vous voir, vous suivre de loin, penser à vous et attendre qu'il vous plaise d'utiliser mon dévouement. Nous autres nègres, nous sommes patients, habitués que nous sommes à la souffrance, et notre seul bonheur est de choisir notre maître et de le servir. Je vous ai choisie pour maîtresse, je vous servirai, même malgré vous ; car, je vous l'ai dit, je vous aime !

A peine Joachino avait-il prononcé ces mots que ses jambes fléchirent et qu'il tomba sur le parquet.

La douleur que lui causait sa blessure, lui avait fait perdre connaissance et l'avait terrassé.

Catherine le fit porter sur un lit, le fit soigner et resta auprès de lui jusqu'à ce qu'il eut repris ses sens. Il manifesta alors l'intention de se retirer.

— Guérissez-vous d'abord, lui dit la sage-femme.

— Et puis?... interrogea le malade.

— Vous resterez à mon service, si vous voulez.

— Si je le veux ! s'écria le blessé radieux ; mais ce sera pour moi le paradis réalisé.

Madame Voisin donna une chambre à Joachino, dont la guérison fit de rapides progrès, aidés par la certitude de ne plus quitter cette maison, où il pourrait, à toute heure, voir et adorer sa maîtresse.

Ce qui advint? C'est qu'une nuit, vaincue par cet amour fanatique, Catherine se livra au nègre Joachino. De fatigue, elle s'était endormie dans ses bras, lorsque tout à coup on frappa à la porte de la chambre à coucher.

— Mon mari!... Cache-toi vite sous le lit, dit à Joachino la femme adultère, réveillée en sursaut, en poussant son amant hors de sa couche.

Quand eut disparu toute trace de la présence du nègre, Catherine alla ouvrir. Elle se trouva en présence de Lesage.

— Ah! que vous m'avez fait peur! s'écria-t-elle.

— Je vous apporte une nouvelle qui va vous remettre, veuve Voisin, fit le prêtre en entrant dans la chambre.

— Veuve! s'écria Catherine. Vous avez bien dit veuve, n'est-ce pas?

— Oui.

— Voisin serait-il donc mort?

— Désormais vous êtes libre et de plus vous héritez de dix mille livres. Quant au laboratoire, nous l'avons bien gagné, car cet infernal apothicaire avait l'âme chevillée au corps et c'est à grand'peine qu'il s'est laissé délivrer des souffrances de ce monde.

— Que voulez-vous dire? interrogea Catherine, prise d'un subit effroi en face de ce prêtre cynique. Auriez-vous donc assassiné mon mari?

— Ne m'avez-vous pas signifié que vous vouliez être libre, n'importe par quel moyen ?

— C'est vrai.

— Eh bien, nous n'avons trouvé que le poison pour vous débarrasser de votre époux.

— Vous êtes un misérable! Je ne vous avais pas dit de le tuer.

A ces mots, prononcés d'une voix vibrante de colère, Joachino bondit de sa cachette et se dressa devant Lesage qui recula, effrayé.

— Faut-il le tuer, maîtresse? interrogea le nègre.

— Non, répondit Catherine en le calmant d'un geste. Ne lui fais pas de mal : il vient de me rendre un signalé service : grâce à lui je suis veuve !

Changeant aussitôt d'attitude, le nègre, amant de la femme, embrassa le prêtre, assassin du mari.

V

DEVINERESSE EN VOGUE ET MINISTRE AMOUREUX

Quelque temps après la mort de l'apothicaire, on lisait au-dessus de la porte d'une très belle maison de la rue Maubuée, cette enseigne :

MADAME VEUVE VOISIN, MAITRESSE SAGE-FEMME

C'était la nouvelle demeure que Catherine habitait et qu'elle avait fait approprier à ses besoins. Dans la pièce la plus reculée, elle avait fait transporter le laboratoire où Lesage et ses collaborateurs travaillaient à la composition des divers philtres qu'elle leur avait demandés.

Le nègre Joachino l'avait suivie et continuait à se montrer l'esclave le plus soumis et l'amant le plus discret. Enfin Vigoureux et sa belle-sœur étaient venus demeurer avec la veuve.

Catherine avait conservé son titre de sage-femme, non pas pourtant qu'elle n'eût pu prendre impunément celui de devineresse. A cette époque, en effet, les *devineuses*, comme on disait dans le peuple, étaient tolérées, leur profession reconnue, presque ouvertement autorisée. Les sibylles, tenant boutique de charmes et de talismans, inquiétaient la police beaucoup moins que les solitaires de Port-Royal et, pourvu qu'elles ne fussent pas jansénistes, on les laissait, en toute liberté, gruger l'or des sots. Et puis la vendeuse de sorts, à l'occasion, pouvait devenir espionne et se faire l'auxiliaire utile du lieutenant criminel en se mettant sur la trace de quelque intrigue grosse de complications.

« A la faveur de cette liberté dangereuse, dit M. Fouquier, s'étaient établis au cœur de Paris, sous l'œil même de sa police si ombrageuse, une foule de repaires où la niaiserie, les superstitions, les désirs criminels allaient s'alimenter et se satisfaire. Les chercheurs de fortune y trouvaient de prétendus adeptes en fait d'opérations hermétiques, et y *philosophaient* tout à leur aise, jusqu'à ce que le plus clair de leur bien s'y fût fondu en ces petits grains de couleur d'or que nous montre Montesquieu dans la terrine de son souffleur. Les crédules d'amour et de volupté couraient y chercher des charmes, des philtres, des remèdes à l'impuissance ou à la satiété, y payaient au poids de l'or un nœud d'aiguillette pour l'amant ou le mari dont ils jalousaient les plaisirs. Les ambitieux criminels, les cœurs altérés de vengeance, les jaloux sans pardon, les avides sans scrupules demandaient quelque chose de plus, un de ces agents mystérieux de la mort, que leur ignorance confondait sous le nom vague et terrible de *poudre de succession*. »

C'était donc un faible assez commun, à cette époque, chez les femmes principalement, que la croyance à la magie et la fureur de consulter les diseurs de bonne aventure.

Perdait-on un chiffon, avait-on un amant,
Un mari vivant trop au gré de son épouse,
Une mère fâcheuse, une femme jalouse,
Chez la devineuse on courait.

Certes, de tout temps il y a eu des imposteurs, vivant de la crédulité publique ; mais peut-être à aucune époque, leurs manœuvres n'ont trouvé plus de partisans et n'ont fait plus de victimes que sous le règne de Louis XIV. Les plus illustres écrivains de ce siècle, réputé pourtant le siècle des lumières, nous attestent la vogue des devineresses du temps, la crédulité générale en fait de sorcellerie, de magie, d'hermétisme, et, ce qui est digne de remarque, c'est que ces écrivains, à part quelques rares exceptions, comme La Fontaine, ajoutaient foi à cette magie et à ces sortilèges. Qu'on juge par là du degré de crédulité des autres hommes !

Dans son hôtel de la rue Maubuée, Catherine ne tarda pas à reconquérir toute la vogue dont elle avait joui autrefois dans son taudis de la rue des Écouffes. Malheureusement sa clientèle était restée à peu près la même : des femmes du peuple et de rares bourgeoises. Ce n'était pas assez pour son ambition.

Et puis elle n'avait point perdu le souvenir de l'affront reçu place Royale et elle voulait avant tout se venger de cette noblesse qui lui avait cinglé l'insulte en pleine figure, et ensuite édifier sa propre fortune sur la ruine de celle de ses ennemis. Pour cela il lui fallait se révéler par un coup d'éclat qui

trouvât sa science et lui valût la protection de quelque puissant seigneur curieux de magie.

Nous avons dit que La Fontaine s'était déclaré le
chevalier de Catherine. Il avait continué à lui faire
une cour assidue, ce qui fit qu'elle songea à lui pour
mener son projet à bonne fin. Elle mit donc à profit
les relations du bonhomme et s'enquit des personnages les plus influents de la cour. Complaisamment,
comme s'il se fût prêté au caprice d'une jolie femme,
le fabuliste fit défiler devant les yeux de Catherine
la brillante cohorte des nobles et puissants vassaux
qui avaient l'heur insigne de parader autour de la
très auguste personne du roi-soleil. Il se complut
tout particulièrement à tracer le portrait moral et
physique de Fouquet, qu'il lui dépeignit comme étant
l'homme le plus superstitieux du monde, entretenant
une foule de devins dont chacun lui avait tiré la bonne
aventure et son thème de nativité.

Qui ne connaît Fouquet, dont Voltaire vante la
grandeur d'âme, Fouquet, protecteur des lettres, ama-
teur des arts, qui remplissait Vaux et Saint-Mandé
de tant de chefs-d'œuvre, choisis avec goût, payés
avec magnificence?

Les romanciers, les historiens même, séduits, en
ont fait un héros; ce n'était rien moins qu'un criminel qui avait cent fois mérité la potence.

Le plus effroyable désordre régnait dans les finances dont il avait la surintendance. Non content de
voler, il laissait les autres mettre le trésor au pillage.

Autour de lui se pressait une foule d'amis et de flatteurs. A sa table s'asseyaient les artistes et les poëtes dont il payait d'une pension princière une toile ou un sonnet.

— Puisez à pleines mains dans mes coffres, leur disait-il, et matérialisez vos rêves.

Dans son salon, l'ancien parti de la Fronde tenait ses grandes assises. A ses fêtes se donnait rendez-vous la noblesse qu'il avait presque tout entière à sa solde. Dans son alcôve enfin avait passé tout ce que la cour et la ville comptaient de femmes galantes et de vertus à vendre.

On raconte qu'il avait un immense cabinet dont les murs étaient tout tapissés des portraits de celles qui l'avaient aimé, et, au dire de Conrart, il avait, dans un vaste coffret plein de sa correspondance galante, pour des millions de tendresses et d'amour.

C'était madame Duplessis-Bellièvre qui était chargée du département des plaisirs, et elle n'avait pas une minute de repos. Cette magnificence engloutissait des sommes énormes. Colbert, pensant que l'or des impôts est trop précieux pour le laisser gaspiller, avait, à diverses reprises, demandé des comptes à Fouquet, qui n'avait jamais pu les établir. Le surintendant crut se tirer de ce gâchis en avouant au roi une partie de ses rapines. A cet aveu Louis XIV avait souri : il était désarmé ; Fouquet le pensa du moins, et il n'en devint que plus présomptueux.

A l'époque où nous en sommes arrivés de notre récit, Fouquet était à l'apogée de sa puissance.

C'est sur ce grand seigneur, si prodigue de l'or des contribuables, que Catherine avait jeté son dévolu. A diverses reprises, elle essaya, mais en vain, d'arriver jusqu'à lui ; et pourtant, plus que tout autre, elle eût dû réussir, étant donné que le ministre était friand de magie et de beau sexe et que la veuve Voisin ne manquait ni de séduction ni de talent. En outre, La Fontaine, favori du surintendant, avait plusieurs fois, à la table de ce Mécène moderne, amené la conversation sur Catherine. Il racontait volontiers qu'il avait beaucoup ri en la voyant s'établir devineresse.

— J'ai été un de ses premiers clients, ajoutait-il, et j'ai été charmé de la façon dont elle m'a tiré la bonne aventure. Je dois reconnaître qu'elle m'a dit vrai en bien des choses de mon existence écoulée ; quant à ce que me réserve l'avenir, je ne pourrais affirmer que ses prédictions se réaliseront. Mais je le désire vivement pour elle et... plus encore pour moi, car elle m'a fait un thème de nativité des plus flatteurs.

Disons tout de suite qu'il était facile à Catherine de parler du passé du poëte et de lui prédire un avenir qui devait le flatter, car La Fontaine, avec ses éternelles distractions, contait ses affaires et ses espérances à tout le monde.

Malgré tout, soit manque de confiance dans une femme du peuple, soit négligence, Fouquet n'avait jamais manifesté le désir de consulter madame Voisin ; mais la pythonisse s'était juré d'avoir raison de cette sorte de dédain.

Un jour donc que La Fontaine était venu la visiter, elle le retint à souper et mit de nouveau la conversation sur le chapitre du surintendant. Le poëte laissa déborder son cœur, qui était plein de reconnaissance, et il entra dans les détails les plus minutieux au sujet de l'intérieur et de la façon de vivre du ministre. Après le départ de son ami, elle relata sur un carnet tous ces renseignements. A quelque temps de là, elle invita encore La Fontaine et lui renouvela ses questons.

Certes, l'homme qui disposait des finances du royaume, qui avait à sa solde la moitié de la cour et tous les beaux-esprits et poëtes de l'époque, sans compter les femmes galantes et bien d'autres, devait être heureux. Catherine le croyait ; mais La Fontaine la détrompa. Depuis quelque temps, le surintendant était distrait, sombre, d'humeur inégale ; parfois on le surprenait poussant des soupirs et, si ce proverbe est vrai : *Cœur qui soupire n'a pas ce qu'il désire*, il devait manquer quelque chose au bonheur de Fouquet ; bref, tous les symptômes d'une révolution intime. Les familiers du ministre en conclurent que le surintendant avait besoin de distraction. Or c'était justement la foire à Saint-Cloud, comme nous l'avons dit au début de cette histoire. Une partie de cabaret avait été proposée et acceptée.

Voilà quelles furent les confidences du poëte. Tout

en les écoutant, Catherine songeait à en tirer parti.

— Il me faut, se dit-elle, forcer la confiance du ministre en lui donnant des preuves de mon savoir. Pour cela, il est nécessaire que je le voie, que je lui parle. A moi de faire naître l'occasion d'une rencontre.

Elle combina donc un plan et, après l'avoir mûri, elle le soumit à ses associés, en leur déclarant qu'elle répondait du succès s'ils lui obéissaient aveuglément. Tous le promirent. Comme elle s'était réservé la direction absolue de l'entreprise, elle fit ses préparatifs en secret, confia à Joachino plusieurs missions dont il s'acquitta à merveille, prit de l'or, se rendit à Saint-Denis où elle passa trois jours, et revint à Paris pour distribuer à chacun le rôle qu'il aurait à jouer, sans toutefois le mettre au courant des diverses péripéties de la pièce qu'elle avait échafaudée. Enfin, le jour venu, avec ses complices, elle se rendit de grand matin à Saint-Denis.

Ce jour-là même, accompagné de quatre gentilshommes déguisés comme lui, Fouquet arriva sur le champ de foire ; mais, malgré tout le bon effet qu'ils avaient auguré de cette partie de plaisir, les compagnons du ministre constataient qu'il ne se déridait point ; au contraire, sa tristesse, au contact de toute cette joie bruyante, paraissait plus farouche encore que d'habitude.

La cause de cette recrudescence de mauvaise humeur était la disparition, constatée par Fouquet au moment de partir, d'un petit médaillon contenant une boucle de cheveux d'une personne aimée. Le surintendant avait lui-même bouleversé tout son appartement sans retrouver ce bijou. Les cinq seigneurs n'en étaient pas moins partis pour Saint-Denis.

A cette époque, la foire de Saint-Denis jouissait d'une immense renommée qu'elle devait à son luxe, à la variété des boutiques étalant leurs richesses et surtout à ses divertissements nombreux et divers. Pendant huit jours, du 9 au 17 octobre, nobles et riches bourgeois s'y donnaient rendez-vous ; mais le 18, — jour supplémentaire accordé de temps immémorial par le roi à la sollicitation des moines de l'abbaye, qui empochaient les revenus de cette foire, — était au peuple, et surtout aux laquais, à qui leurs maîtres donnaient congé et qui s'empressaient d'accourir mêler leur joie bruyante à la franche gaieté de l'ouvrier. Ce jour-là il y avait sur le champ de foire éclipse complète de ce qu'on est convenu d'appeler la bonne société.

Curieux vraiment était le spectacle qu'offraient alors ces ouvriers et ces laquais, livrés à eux-mêmes et laissant sans contrainte éclater leur humeur tapageuse. C'était à ce spectacle que Fouquet avait été convié par ses amis qui en espéraient la cure du ministre.

La nuit était venue ; à cette heure la foire était dans toute son animation ; autour des loges bâties tout exprès pour ces réjouissances se pressaient les assistants, plus nombreux encore que les années précédentes, d'où grande joie des moines, qui avaient profité de cette affluence pour doubler le prix de location aux marchands, aux cabaretiers et aux saltimbanques.

Catherine avait guetté l'arrivée des cinq seigneurs et les avait suivis de loin. Elle avait vu Fouquet s'arrêter dans la rue des Orfèvres où il avait eu la fantaisie de choisir à la montre d'une boutique une agrafe lui rappelant celle qu'il avait perdue. Nous savons ce qui était arrivé : prétextant la perte ou le vol de son argent, le surintendant avait demandé crédit au marchand, qui l'avait refusé. C'est alors que Catherine était intervenue, profitant ainsi de cet incident pour entrer en relations avec Fouquet.

Mais nous avons laissé le surintendant enfermé avec ses amis et l'Italien, n'est-il pas grand temps d'aller les délivrer ?

Une fois seuls, les prisonniers se communiquèrent les réflexions que leur suggérait cette aventure. Si Fouquet doutait encore, il était facile de lire sur ses traits une anxiété extrême, partagée par tous, sauf Pellisson, qui cherchait à s'expliquer l'assurance de Catherine, et l'Italien, qui jouait toujours l'esprit fort, déclarant qu'il confondrait la magicienne et découvrirait le fond de tout cela.

— Avez-vous des pistolets ? demanda-t-il tout à coup à Pellisson.

— Non, répondit ce dernier ; je ne m'embarrasse

jamais de semblables entraves quand je vais faire une partie de cabaret.

— Moi, les miens ne me quittent jamais, reprit l'Italien, et en cela je crois agir sagement, car ils peuvent être utiles au moment où l'on n'y pense le moins.

— Et de quelle utilité vous seront vos pistolets en cette occurrence? demanda Fouquet.

— Par eux je saurai si la devineresse nous trompe.

— Comment cela?

— C'est bien simple : je tirerai sur le spectre qui va nous apparaître tout à l'heure, et, s'il résiste à l'épreuve d'une balle, c'est que ce sera réellement un esprit.

— Pardieu! le moyen est infaillible en effet, fit le surintendant en se ralliant à cette idée.

— Voici donc les arguments qui serviront à démolir les mauvaises raisons de la devineresse, ajouta le soldat en tirant de sa poche une paire de pistolets. Ils sont très justes et de bon calibre. Seulement, par mesure de précaution, comme ils sont chargés depuis longtemps, je vais renouveler la charge.

Ce disant, à l'aide d'un tire-bourre, il enleva la vieille charge, choisit deux balles dans un petit sac, rechargea ses pistolets et en offrit un à Fouquet.

— Prenez, monsieur, fit-il en lui présentant l'arme, et usez-en selon les circonstances ; vous ne tarderez pas ainsi à être détrompé. Pourtant, je le répète, si la balle n'atteint pas le mort, j'avoue que je ne saurai que penser.

— Remettez cette arme à mon compagnon, dit Fouquet en désignant Pellisson ; il tirera le premier, vous le second, et, s'il en est besoin, je me servirai de mon épée dont je suis plus sûr que de toute autre arme.

— Soit, dit l'Italien ; mais vous me donnez votre parole d'honneur de jouer franc jeu ?

— Je vous la donne, répondit Fouquet ; car plus que vous peut-être, j'ai intérêt à savoir à quoi m'en tenir.

En ce moment Catherine ouvrait la porte ; « elle avait changé de costume et portait maintenant une longue robe rouge sur laquelle étaient brodés en noir des caractères cabalistiques. Une ceinture blanche serrait sa taille, et une amulette était suspendue à son cou par une chaîne de cheveux. Elle avait les pieds et les jambes nus. Ses longs cheveux flottaient, épars sur ses épaules, et ses traits bouleversés annon-çaient une agitation extrême. Cette apparition sur-prit tout le monde, et l'Italien s'empressa de dire :

— Voyez comme elle est troublée ; je parie qu'elle vient nous annoncer que l'évocation ne peut avoir lieu ce soir.

— Elle aura lieu surtout pour vous, monsieur, répondit Catherine ; les esprits sont bien disposés : quatre heures vont sonner, descendez, et vous allez voir l'ombre de Mazarin.

Elle leur fit faire la toilette convenue et les pré-céda, portant un flambeau en résine qui s'éteignit dès qu'elle eut touché le seuil de la porte du rez-de-chaussée. Ils pénétrèrent dans cette pièce, et la porte se referma bruyamment sur eux.

La salle dans laquelle ils avaient soupé leur paraissait maintenant d'autant plus vaste que tous les meubles en avaient été enlevés. Elle était hermétiquement fermée ; au milieu et devant la vaste cheminée gothique qui était dans le fond, s'élevait une estrade sur laquelle était un autel couvert d'un drap noir placé sur un tapis de soie cramoisie. Une bible en langue chaldéenne était posée tout ouverte sur l'autel, entre une tête de mort et un crucifix d'argent. A droite on voyait une boîte où brûlait de l'esprit-de-vin dont la flamme blafarde répandait sur tous les visages une pâleur effrayante ; à gauche une cassolette d'où s'exhalait une fumée épaisse de bois d'olivier, qui obscurcissait de temps en temps la lueur blanchâtre de la boîte et troublait la vue des assistants. Sur le tapis était un bénitier avec son goupillon.

Catherine recommanda aux personnes qu'elle venait d'introduire, d'observer le silence le plus complet et surtout de ne faire aucune question à l'ombre qui allait paraître. Elle seule devait lui parler et la faire répondre. Elle prit ensuite Fouquet par la main, en enjoignant aux autres de les suivre pas à pas, et les fit entrer dans le cercle de craie tracé sur l'estrade, la figure tournée vers l'autel. Là, elle leur dit d'avoir bien soin de ne pas sortir du cercle, et de faire tous

la chaîne en se tenant par la main. Elle pria en outre Fouquet et Pellisson, qui étaient le plus près
d'elle, de tenir leurs épées nues au-dessus de sa tête
à un pouce de distance, pendant tout le temps que
l'opération durerait.

Tout le monde ainsi placé, la devineresse avança à
pas lents sur le tapis, la face tournée vers l'Orient,
jeta de l'eau bénite aux quatre points cardinaux, fit
trois génuflexions devant la bible et commença la
conjuration. Les mots qu'elle employa pour cela
étaient des mots barbares et inintelligibles. Seulement, à mesure que la conjuration avançait, les yeux
de la sibylle s'agrandissaient et semblaient jeter des
flammes ; son corps frissonnait, son front se plissait
et ses cheveux se hérissaient. Au moment d'évoquer
le mort, elle pria Fouquet et Pellisson de baisser leurs
épées et de la saisir par la chevelure ; puis d'une voix
tonnante, et qui avait quelque chose de l'enfer, elle
dit par trois fois, tandis que tout son être était agité
par un tremblement convulsif :

— Ombre de Mazarin, parais !

A la troisième fois, elle étendit la main et toucha
le crucifix ; aussitôt un bruyant coup de tonnerre se
fit entendre, les serrures crièrent, les portes furent
ébranlées et une commotion pareille à celle de la
foudre frappa tous les assistants : plusieurs furent
renversés par le choc. Au même instant, la boîte qui
contenait la lumière se ferma, l'obscurité la plus pro-
fonde envahit cette pièce, et derrière l'autel, se pro-

jetant contre le mur blanchi de la cheminée, au milieu de la fumée devenue plus épaisse, on vit apparaître l'ombre de Mazarin. Tous le reconnurent au premier coup d'œil, car il apparaissait tel qu'on l'avait représenté dans plusieurs tableaux au lit de mort.

Le tonnerre cessa subitement, et un silence d'effroi régna parmi les spectateurs de cette scène étrange. Aussitôt une voix sépulcrale fit entendre ces paroles :

— Qui m'appelle ?

— Ton serviteur le plus dévoué pendant ta vie, celui qui te regrette le plus depuis ta mort, répondit Catherine.

— Que demande-t-il ? ajouta l'ombre.

— Il veut entendre la fin du conseil que tu avais commencé à lui donner dans ce monde, dit Catherine, et que tu n'as pu achever : « Vous êtes jeune, ardent, ambitieux, lui disais-tu, le roi a tout votre caractère : gardez-vous de convoiter..... »

— la femme qu'il aime ; sans cela votre perte est assurée, ajouta l'ombre.

Ces paroles produisirent la plus vive impression sur Fouquet et ses amis, qui osaient respirer à peine, lorsque l'Italien, qui avait conservé tout son sang-froid, dit brusquement à Pellisson :

— Voici le moment, feu !

Et comme ce dernier hésitait, il ajouta :

— Vous avez peur, à moi donc !...

Il mit en joue et tira. Un éclat de rire, qui sembla

sortir de l'enfer, se fit entendre à l'instant, et la balle
rebondit sur l'autel.

— Trahison ! s'écria Catherine en se retournant
vers les seigneurs.

Mais Pellisson, enhardi par l'exemple de l'Italien,
tira à son tour ; un éclat de rire plus fort que le premier accueillit la seconde détonation, et la balle vint
de nouveau retomber sur l'autel. Les spectateurs
étaient glacés d'épouvante ; mais l'Italien, toujours
plus audacieux, cria à Fouquet :

— A vous, monsieur ; vous m'avez donné votre parole d'honneur de vous servir de votre épée. »

Fouquet, troublé, entendait à peine ; mais l'Italien,
le prenant par le bras, le poussa, presque malgré
lui, vers l'ombre qui s'agitait au fond de la salle.
En ce moment, Catherine, ayant pris le crucifix,
s'écria :

— C'est là, messieurs, une indigne trahison dont
je ne me ferai point la complice, car j'ai promis sécurité entière aux ombres que j'évoque !

Et étendant la main, elle toucha avec le crucifix
l'épée que brandissait le surintendant.

Aussitôt l'arme échappa aux mains de Fouquet,
qui, renversé par une violente commotion, roula aux
pieds de Catherine et perdit connaissance. Un troisième rire éclata de nouveau, plus bruyant encore
que les deux autres ; l'ombre disparut, la lumière
redevint plus brillante, la porte de la rue s'ouvrit
tout à coup, et l'Italien fut le premier à crier :

— Emportons votre ami, messieurs, et sortons de cette caverne de démons !

Il aida lui-même à relever Fouquet évanoui et à le transporter dehors et aussitôt la porte du cabaret se referma. Sur le seuil ils retrouvèrent leurs habits et leurs souliers. A quelques pas stationnait un carrosse de louage ; ils y montèrent avec le surintendant, mal remis de son émotion ; et la voiture roula vers Paris, emportant les cinq seigneurs encore sous le poids de cette scène terrible, qui leur apparaissait comme une fantasmagorie de l'enfer.

Quand ils eurent repris leurs sens, ils constatèrent que l'Italien avait disparu.

VI

LE VALET RIVAL DE SON MAITRE

Rentré à son hôtel, Fouquet s'était mis au lit ; mais il ne put trouver le sommeil, tant l'évocation et surtout les paroles de Mazarin l'avaient bouleversé.

« — Vous êtes jeune, ardent, ambitieux ; le roi a tout votre caractère : gardez-vous de convoiter la femme qu'il aime ; sans cela votre perte est assurée ! » Voilà bien ce que m'a dit l'ombre, répétait-il. Ma perte est donc assurée, car j'aime mademoiselle de La Vallière ! et ne m'en puis défendre. Comment détourner l'orage qui gronde au-dessus de ma tête ?... Mais j'y songe, si j'envoyais chercher cette devineresse ? Peut-être saura-t-elle conjurer le sort qui me menace.

Sur-le-champ il manda Pellisson et l'expédia à Saint-Denis avec mission de prendre des informations sur les personnes qui avaient loué la loge où avait eu lieu l'apparition de Mazarin. Le messager partit, mais il ne put obtenir aucun renseignement, même en s'adressant au moine chargé de la collecte de la foire.

— Tout ce que je puis vous dire, fit-il, c'est que cette loge a été louée huit jours à l'avance, que le prix en a été payé et qu'actuellement elle est vide.

Pellisson obtint la permission de la visiter, mais il

ne découvrit aucune trace de ce qui s'y était passé. Il revint à Paris et fit part à Fouquet de l'insuccès de sa démarche.

— Mais j'y pense, fit-il tout à coup, cette devineresse est l'amie de La Fontaine ; par notre fabuliste vous aurez l'adresse de Catherine.

Fouquet sonna son valet de chambre, et lui ordonna d'aller incontinent chercher Catherine Voisin dont La Fontaine lui indiquerait la demeure.

A ce nom le valet fit un mouvement.

— Catherine Voisin la devineresse ! se dit-il, que diable monseigneur peut-il lui vouloir ?

Et tout courant, le domestique se dirigea vers l'hôtel de la pythonisse.

Il y avait, ce jour-là, nombreuse réunion chez elle. La Vigoureux et son beau-frère, Lesage, Davot, Destinelli et Joachino la félicitaient chaudement du succès obtenu à la foire de Saint-Denis. Mais Catherine s'étant réservé la direction de ce drame d'un nouveau genre, les acteurs qui ne savaient que ce qui les concernait personnellement, étaient avides d'explications et multipliaient les questions, tout en prenant leur part d'un repas où l'on n'avait ménagé ni la bonne chère ni les vins des grands crûs.

— Sous mon costume de militaire italien, disait Destinelli, je n'ai pas quitté les cinq seigneurs, et j'ai été témoin de bien des choses surprenantes, qui, connues du lieutenant général de la police, pourraient nous mener tout droit à la Bastille.

— Rassurez-vous, dit Catherine, la police nous a laissés et nous laissera tranquilles. Ceci entendu, permettez-moi de vous féliciter de la façon dont vous vous êtes acquitté de votre rôle ; vous aviez, mon cher, un aplomb superbe en débitant vos sottises contre la sorcellerie.

— J'ai fait de mon mieux, reprit Destinelli, flatté du compliment ; pourtant je ne comprenais pas grand'chose à tout ce qui se passait autour de moi. Sans doute, je n'ai pas été étonné de retrouver le pommeau de mon épée dans un verre, puisque, devant moi, madame Vigoureux, qui tenait la loterie, l'y avait placé ; mais l'agrafe du surintendant, comment se trouvait-elle dans la tabatière ?

— Je savais par M. de La Fontaine, répondit Catherine, combien le surintendant tient à ce bijou, dont il se pare toujours quand il sort. Je songeai à me servir de cette agrafe pour me mettre en relations avec Fouquet. J'ai, en conséquence, chargé Joachino de la dérober. Il a réussi, m'a apporté le bijou et je l'ai remis à la Vigoureux qui l'a enfermé dans la tabatière. Vous savez le reste.

— Oui ; mais ce portrait que vous avez fait voir au ministre dans un miroir, et qui l'a fait tressaillir ?

— Par M. de La Fontaine j'ai su également que monseigneur Fouquet est ardemment épris d'une femme et qu'il fait de cet amour un mystère. Sur mon ordre, Joachino s'est lié avec le valet de chambre du ministre et l'a attiré chez moi sous prétexte de se faire dire la bonne aventure. Dans un entretien que j'ai eu avec ce laquais, j'ai appris que la femme dont son maître est amoureux, est une jeune demoiselle d'honneur de Madame, dont il ne put ou ne voulut me dire le nom ; mais dans la conversation il laissa échapper un mot qui me mit sur la piste : cette jeune personne boite légèrement. Je me suis informée et je n'ai pas tardé à apprendre que la seule dame atteinte de claudication est mademoiselle de La Vallière, vivement courtisée par le roi. Avec ces divers renseignements et les propos tenus en ma présence tant par le valet de chambre que par M. de La Fontaine, j'ai cru entrevoir la vérité. Vous savez si j'ai deviné juste.

— A merveille.

— Quant au miroir, après avoir loué à l'avance la loge dont nous avons fait le cabaret du *Moine-Gris*, je l'avais préparé avec Vigoureux, qui, lui aussi, a fort bien joué son rôle de cabaretier.

— Et la grande apparition du cardinal Mazarin, qui, je l'avoue, m'a effrayé moi-même un instant ? demanda encore Destinelli.

— Rien de plus simple : elle était due à une lanterne magique placée contre la porte de la rue, en face de la cheminée.

— Pourquoi ne l'avons-nous pas vue en entrant dans la salle ?

— Parce qu'en ce moment cette lanterne était fermée par un couvercle qui n'a été enlevé par Vigoureux qu'à un signal convenu.

— Et l'ombre, par quel artifice semblait-elle se mouvoir ?

— Par un effet d'optique dû à la fumée dont à dessein la pièce était pleine. Quant à l'ombre de Mazarin, lorsque je me fus retirée, après vous avoir enfermés dans la chambre du second, j'ai envoyé Joachino acheter un portrait du cardinal à son lit de mort. En une heure Lesage eut habilement copié ce portrait sur une lame de verre.

— Et cette voix sépulcrale qui semblait venir de l'enfer ?

— Avez-vous oublié que Davot est excellent ventriloque ? Après que nous eûmes préparé les demandes, Davot se plaça dans la cheminée, d'où il devait faire les réponses aux questions que d'avance je m'étais réservé le droit de poser seule à l'ombre. Pour frapper davantage encore l'esprit du surintendant, j'avais, d'après mes suppositions concernant la personne secrètement aimée du ministre, arrangé une réponse qui complétait à merveille le conseil inachevé de Mazarin mourant.

— Il ne me reste plus qu'à me renseigner sur ce qui m'a le plus effrayé ; je ne parle pas du tonnerre, je sais comment vous avez pu en produire les roulements ; mais de cette commotion terrible qui m'a renversé.

— Elle provenait d'une machine électrique cachée sous l'autel, et que Lesage faisait fonctionner. Le christ en argent servait de conducteur ; Pellisson et monseigneur Fouquet m'ont prise par les cheveux et, grâce à la chaîne que vous formiez tous, quand j'ai touché le crucifix, vous avez ressenti la commotion électrique. Ceci vous explique également comment j'ai pu faire tomber l'épée de la main du surintendant.

— Tout était admirablement combiné et surtout a bien réussi, ce qui est le principal. Mais pourquoi avez-vous ordonné à MM. Fouquet et Pellisson de tenir leur épée nue à un pouce au-dessus de votre tête ?

— Pour les occuper et les empêcher d'examiner les choses de trop près, surtout Pellisson qui est un esprit fort.

— Et cet ordre d'ôter les habits, les chapeaux et les souliers ?

— Il fallait bien donner un peu d'étrangeté aux préparatifs de la cérémonie.

— Je me déclare satisfait, finit par dire Destinelli, et je vous proclame une grande magicienne.

— Je ferai une dernière question, intervint Lesage, au sujet de ces coups de pistolet dont je n'étais pas prévenu et qui m'ont fait tressaillir...

— J'en étais prévenu, moi, interrompit Davot, et j'ai jeté le rire le plus infernal...

— Il était merveilleux, dit Catherine. Quant aux pistolets, chargés par Destinelli, ils ne contenaient que des balles en carton, mais j'en avais en plomb et, au moment où le coup partait, je les jetais adroitement sur l'autel.

— A mon tour, je me déclare vaincu, dit Lesage ; jamais je n'aurais imaginé pareils stratagèmes. Décidément, Catherine, vous surpassez mes espérances.

— Je vous l'avais bien dit, s'écria la veuve Voisin triomphante, qu'avant peu je serais la maîtresse de l'association.

— C'est vrai, et je suis le premier à le proclamer, dit Lesage.

— Vous m'obéirez donc aveuglément à l'avenir ?

— Oui, oui ! s'écrièrent-ils tous.

— J'y compte, reprit Catherine ; de ce jour seulement date notre association, et elle débute par un coup d'éclat, qui me mettra en évidence et nous donnera la richesse.....

Un coup, frappé violemment à la porte de la rue, interrompit la devineresse.

— Ou la prison, murmura Destinelli peu rassuré.

— Va voir qui frappe ainsi, ordonna Catherine à Joachino.

Le nègre obéit et revint au bout de quelques minutes.

— Maîtresse, c'est le valet de chambre de monseigneur Fouquet qui vient vous chercher de la part de son maître.

— Dis plutôt que c'est la fortune qui me fait des avances, s'écria Catherine radieuse, en se levant pour se rendre à l'invitation du puissant ministre.

Quelques minutes après elle arrivait à l'hôtel de Fouquet.

— Attends-moi dans la rue, ordonna-t-elle à Joachino qui l'avait suivie.

Et d'un pied vainqueur elle franchit le seuil du superbe palais en se disant, avec une orgueilleuse joie, que, de ce jour, sa fortune et sa vengeance étaient assurées.

Elle trouva Fouquet pâle et défait, encore sous l'impression de la scène magique de la nuit dernière.

— Vous savez de quel mal je suis atteint, lui dit-il, je vous ai fait appeler pour me guérir ou pour me faire aimer de celle qui a mis mon cœur en désarroi.

— Vous voulez parler de mademoiselle de La Vallière ? interrogea Catherine.

— Oui, répondit le ministre.

— Pour agir efficacement, reprit la devineresse, j'ai besoin de savoir quelles démarches vous avez déjà faites auprès de cette sauvage beauté.

— A son arrivée à Paris comme demoiselle d'honneur d'Henriette d'Angleterre, commença Fouquet, je la vis, je l'aimai et je lui fis offrir deux cent mille livres par madame Duplessis-Bellièvre...

— Faute grave, remarqua Catherine ; mademoiselle de La Vallière est, dit-on, très fière et d'une vertu farouche. Vous l'avez offensée, car elle a deviné facilement à quelle condition était fait ce cadeau princier.

— Et, acheva le ministre, elle a repoussé avec indignation et l'offre et la femme qui la lui avait faite.

Dans un vers flatteur Boileau a dit, en faisant allusion à mes bonnes fortunes :

Jamais surintendant ne trouva de cruelles.

Le poëte s'est trompé, j'en ai trouvé une. Je l'avoue, dit le ministre d'un air fat, ce refus inattendu me surprit. Je vis là une énigme dont je voulus avoir le mot. Je mis en campagne mes plus fins limiers. Grâce à certains incidents qu'ils me rapportèrent, je ne tardai pas à me trouver sur la piste d'une passion royale tenue secrète. C'est ainsi que j'appris qu'un soir de fête à Vincennes, Louis XIV avait entendu, invisible, les confidences de quatre demoiselles d'honneur de Madame, assises sous la ramure d'un bosquet et avait surpris, non sans émotion, l'aveu involontaire que fit l'une d'elles de son ardente admiration pour le roi.

— Et cette admiratrice, c'était mademoiselle de la Vallière?

— Oui. Autres détails que l'on me rapporta et qui vinrent confirmer mes premiers renseignements : connue des filles d'honneur de Madame, la passion de La Vallière pour Louis XIV n'était pas restée longtemps un mystère. Dès le lendemain, les bavardes du bosquet de Vincennes allaient répétant partout qu'une de leurs compagnes, clairement désignée, sinon nommée, se mourait d'amour pour le plus haut personnage du royaume. Si bien qu'un soir Roquelaure, ayant saisi la coupable par le bras, la traîna de force, en présence de toute la cour, devant Louis XIV. Là, sans pitié pour la pâleur de la pauvre enfant, le bouffon seigneur s'écria :

— « Sire, je vous dénonce cette illustre aux yeux mourants ; elle ne sait aimer rien moins qu'un grand monarque. »

Au lieu de s'indigner, le roi, flatté dans sa vanité, rassura par de bonnes paroles La Vallière qui, honteuse de voir ainsi révéler le culte mystérieux de son cœur, avait failli s'évanouir. J'acquis bientôt la preuve que Sa Majesté répondait à cet amour. A quelque temps de là, le roi et la fille d'honneur se revirent dans le parc de Versailles. Le ciel était couvert de nuages et dans le lointain commençait à gronder le tonnerre. Louis XIV entraîna mademoiselle de La Vallière sous un arbre touffu, pour la mettre à l'abri de la pluie. Ce fut bientôt un sauve-qui-peut général parmi les courtisans ; les amants restèrent seuls. L'orage redoublant de violence, le roi essaya, à l'aide de son chapeau, de garantir la fille d'honneur de la pluie qui tombait à grosses gouttes.

— Ce sont là en effet des preuves d'amour, remarqua la veuve Voisin. Et pourtant mademoiselle de La Vallière ne passe point pour une beauté.

— Pour ceux qui ne savent point voir, certes, ce n'est point une beauté. On vous dira qu'elle boite, qu'elle a le visage allongé et marqué de petite vérole ; qu'elle a la bouche grande et que sa gorge et ses bras plats font assez mal juger du reste du corps.

Oui, continua Fouquet en s'animant, mais on oublie d'ajouter qu'elle a pour suprême attrait un grand air de vertu instinctive, une modestie naïve et une grâce pudique et ingénue. En elle, point de trait saisissant et vif, mais un ensemble ravissant. Rien de tranché, des nuances. Point belle, La Vallière, avec ses mains de déesse ; avec les reflets argentés de ses admirables cheveux blonds, la transparence nacrée de son teint éblouissant de blancheur, la suave expression de son regard, d'un bleu céleste, tamisé par de longues paupières noires ; et puis sa voix est si douce, si pénétrante, si pleine de caresses ! Ah ! ceux qui nient sa grâce n'ont point regardé cette jeune fille ; à leurs yeux myopes ont échappé tous les détails qui composent cette douce et sympathique figure.

— Comme vous l'aimez ! s'écria la veuve Voisin, surprise de l'enthousiasme du surintendant.

— Oui, soupira Fouquet, et je l'aime sans espoir, et c'est de cela que je souffre. Ah ! qui me fera aimer de celle belle indifférente ?

— Moi, répondit Catherine d'une voix assurée.

— Vous ! s'exclama le ministre en se dressant devant la devineresse, faites ce miracle, et si grands que soient vos rêves d'ambition, je vous jure de les réaliser... Mais puis-je savoir comment vous arrive-rez à ce résultat ?

— Avec un philtre d'amour que je composerai exprès pour vous.

— Réussissez et vous ne vous en repentirez point, dit Fouquet. Voici, en attendant mieux, les arrhes de ma reconnaissance, conclut-il en remettant à Catherine un sac plein d'or.

La devineresse se retira ivre de joie.

Au bas de l'escalier, l'attendait Joachino qui, inquiet de la longue absence de sa maîtresse, craignait un danger pour elle et commençait à caresser le manche de son poignard.

— J'allais monter vous réclamer au ministre lui-même et le tuer s'il ne vous eût pas rendue.

— Fou !... je viens d'en faire mon esclave, murmura Catherine en regagnant son logis en compagnie du nègre.

Malgré le silence juré par tous les spectateurs, le bruit de l'évocation de l'ombre de Mazarin et de toutes les péripéties qui avaient précédé et suivi cette apparition, se répandit et, — excellente réclame ! — amena chez Catherine des clients appartenant à la noblesse. Ce succès l'encouragea et lui donna bon espoir.

Elle voyait souvent le surintendant qui ne cessait de lui réclamer le philtre promis.

— Je dois, dit-il à la veuve Voisin, donner le 17 août, une fête à mon château de Vaux en l'honneur du mariage de Philippe d'Orléans avec Henriette d'Angleterre. La Vallière y assistera. Il me faut absolument ce philtre que je trouverai l'occasion d'utiliser.

— Je vous le fournirai pour cette époque, répondit Catherine, j'en prends l'engagement d'honneur.

Contrairement à ce qu'avait pensé le surintendant, Louis XIV n'avait point pardonné. Son amour-propre avait été trop cruellement offensé par l'insolence d'un sujet, qui disposait des millions du trésor et donnait des fêtes faisant pâlir l'éclat des plus belles de la cour, pour se résoudre à oublier. Depuis longtemps la chute du ministre était donc décidée, lorsque deux fautes lourdes précipitèrent le dénoûment.

Après sa découverte des relations du souverain et de la fille d'honneur de Madame, n'ayant pas compris que Louise était l'*amante* de Louis et non la *maîtresse* du roi, Fouquet avait commis l'imprudence de faire marchander l'influence de mademoiselle de la Vallière comme il avait précédemment offert d'acheter sa vertu. De cette influence il offrit un demi-million.

A cette proposition la jeune fille s'était crue trahie : son amour n'était plus un secret pour personne, mais elle l'ignorait, n'ayant fait à son amant le sacrifice de sa vertu qu'après avoir obtenu la promesse formelle que sa réputation serait sauvegardée et que le voile le plus épais couvrirait leurs relations. Il fallait cette offre insolente pour lui dessiller les yeux. Dans sa douleur, elle se plaignit au roi, qu'elle accusa de trahison, et finit par lui faire connaître les deux démarches du surintendant.

A ce récit, Louis XIV entra dans une colère épou[vantable] et jura de tirer une vengeance éclatant[e] de l'insolence du ministre.

Fouquet, frappé d'aveuglement, semblait couri[r] au-devant d'une catastrophe. Ce fut à cette époque[,] 17 août 1661, que l'imprudent financier donna [à] Louis XIV cette fête qui dépassa en faste et en ma[gnificence] tout ce que peut concevoir l'imagination[.]

Louis XIV, suivi de toute sa cour et d'une com[pagnie] de mousquetaires sous les ordres de d'Arta[gnan], — dont, à tout hasard, il s'était fait escorte[r] — arriva aux portes du château de Vaux. Fouque[t] vint le recevoir. Dans son orgueil de propriétaire, i[l] ne fit grâce à son hôte d'aucune des merveilles d[e] son palais. Tout fut visité : parc immense, forêt[s] épaisses, charmilles, bassins, étangs et jardin[s] peuplés de statues, puis vint le tour des apparte[ments]. On eût dit que le sujet voulait de son lux[e] écraser son souverain.

A chaque pas le roi sentait grandir sa rage ja[louse]. En traversant une galerie, il aperçut le[s] armes parlantes de Fouquet : un écureuil avec cett[e] audacieuse devise: *Quo non ascendam?* Au-dessou[s] de l'écureuil, une couleuvre, *coluber*, dans laquell[e] se reconnut Colbert.

Certes, Louis XIV avait vu maintes fois cett[e] devise, mais elle ne lui avait jamais paru aus[si] insolente qu'en ce moment. Tout à coup les court[i]sans virent pâlir et chanceler Sa Majesté : dans l[a] chambre à coucher du surintendant, le roi venait d'apercevoir le portrait de mademoiselle de La Vallière !

Au regard que le souverain lança à son hôte, les seigneurs présents comprirent que Fouquet était perdu.

Louis XIV appela d'Artagnan, se retira avec lui dans une pièce voisine, et nul doute qu'il ne lui eût ordonné d'arrêter son hôte sur-le-champ, si Anne d'Autriche et La Vallière prévenues et accourues en toute hâte, et Colbert lui-même n'eussent détourné le roi de ce dessein peu chevaleresque.

— Soit, j'attendrai, conclut le souverain ; mais le châtiment n'en sera que plus terrible ! ajouta-t-il tout bas.

Parvenu à dompter sa fureur et même à sourire, le monarque reparut à la fête.

Les eaux jouèrent. Pour les amener dans des réservoirs de marbre, Fouquet avait dû acheter et démolir trois villages ; mais les ministres de cette époque ne connaissaient pas d'obstacles : c'était le peuple qui payait. N'en est-il pas encore un peu comme cela aujourd'hui ? Enfin la nuit arriva. A la première étoile qui s'alluma au ciel, une cloche donna le signal d'un festin. Les tables descendirent des plafonds toutes chargées de plats fumants et les convives mangèrent aux sons harmonieux d'une musique mystérieuse. Au dessert, nouvelle merveille : une montagne de confitures vint se placer au milieu de la

5

salle, sans qu'on pût découvrir le mécanisme qui la faisait mouvoir.

La cour se rendit ensuite au théâtre dressé au bas d'une allée. On joua un prologue de Pellisson et *les Fâcheux*, de Molière. Le roi parut prendre plaisir à la comédie que suivirent un feu d'artifice et un bal. Sa Majesté dansa plusieurs courantes avec mademoiselle de La Vallière qu'embellissait le bonheur d'avoir empêché son amant de commettre une bassesse.

Enfin, à trois heures du matin, le roi prit congé de son hôte.

— Monsieur, lui dit-il d'une voix où perçait une pointe d'ironie amère, en vous quittant, je n'ose vous inviter à venir chez moi : vous y seriez trop mal logé. Comptez néanmoins, ajouta-t-il avec un sourire équivoque, sur la continuation de nos bonnes grâces.

On le voit, Louis XIV avait pris son parti de la dissimulation et nul, mieux que cet élève de Mazarin, ne savait commander à son visage.

Cependant les amis de Fouquet ne s'y trompèrent point. Ils flairaient un mystère et l'adieu, gros de menaces, du monarque n'était point fait pour les rassurer.

— Prenez tout ce que vous avez d'or, remplissez-en vos poches, sautez à cheval et ne vous arrêtez que lorsque vous aurez mis la frontière entre votre tête et la haine de votre ennemi, dirent-ils à Fouquet, lorsqu'au loin se furent éteints les derniers bruits de la cavalcade royale.

— Moi, fuir ! se récria le ministre, jamais ! Et puis je ne crois pas au danger.

— Prenez garde : chacune des merveilles de votre demeure enchantée, chaque splendeur de cette fête se tournera contre vous pour vous accuser et des juges soigneusement choisis y verront la preuve de vos prétendues dilapidations.

— Mais pour cela il faudrait que je fusse arrêté...

— Le roi vous fera arrêter.

— Je l'en défie ! Quel seigneur voudrait mettre la main sur moi ? N'ai-je pas à ma solde la moitié de la cour ; n'ai-je pas acheté la plupart des gouverneurs de places de guerre ; n'ai-je pas fait fortifier Belle-Isle, où je me réfugierais en cas de disgrâce ? Je suis une puissance dans le royaume et Louis ne voudra pas courir les risques d'une lutte. Croyez-moi, mes amis, votre dévouement seul vous fait voir du danger partout. Je vous remercie du conseil, mais je reste.

Ce que n'avouait pas Fouquet, et ce qui était la véritable cause de son refus de partir, c'est qu'il attendait l'effet du philtre d'amour que lui avait remis la veuve Voisin et que, durant le festin, il avait trouvé l'occasion de faire verser par un valet dans le verre de La Vallière. A la veille d'un triomphe assuré, — il le croyait du moins, — il ne pouvait se décider à fuir.

L'évènement ne devait que trop donner raison aux conseillers de Fouquet.

De retour à Fontainebleau, Louis XIV ne se consola de l'humiliation que lui avait fait subir le surintendant, que par la résolution bien prise de le perdre.

Mais il n'ignorait pas que Fouquet comptait en Bretagne de nombreux partisans, très exaltés et capables de soulever cette province à la première nouvelle de son arrestation et que le surintendant n'hésiterait pas à livrer Belle-Isle aux Anglais, s'il en était réduit à aller leur demander asile. Une difficulté plus grave encore arrêtait Louis XIV : sa charge de procureur général au parlement mettait le ministre des finances à l'abri de la vengeance royale.

Le roi se souvenait douloureusement que durant la Fronde, cette puissante compagnie avait plus d'une fois ébranlé le trône. Il n'était donc pas prudent de lui fournir de nouveaux sujets de plaintes en mettant en accusation un de ses principaux officiers. Le parti le plus sage était d'arriver à persuader à Fouquet de vendre sa charge. Pour y parvenir, Louis XIV employa la ruse. Il feignit de rendre toute sa confiance à son ennemi, lui accorda de nouvelles faveurs et lui donna à entendre qu'il lui conférerait volontiers le titre de chevalier de l'ordre du Saint-Esprit, dont l'époque des promotions approchait. Toutefois il ne lui laissa pas ignorer qu'il ne ferait chevalier de ses ordres nul homme de robe ou de plume, fût-il chancelier de France, premier président du parlement de Paris, ou même secrétaire d'État. Louis s'adressait à l'orgueil. L'orgueil comprit. Colbert, de son côté, fit appel au cœur généreux de Fouquet et lui confia que le roi avait besoin d'argent.

— Je vendrai ma charge! s'écria Fouquet. M. de Harlay m'en offre quatorze cent mille livres, je la lui céderai et je remettrai la somme à Sa Majesté, trop heureux de lui prouver ainsi mon dévouement absolu à sa personne.

Colbert ne marchanda pas les éloges à un désintéressement aussi rare et le pauvre Fouquet, enivré, courut annoncer sa résolution au roi qui le remercia et accepta l'offre sans balancer.

La charge fut vendue et l'argent remis.

Il ne fut plus question dans Paris que de la générosité du surintendant, de la satisfaction du maître et du crédit du ministre qui, disait-on, allait devenir le favori et gouverner la France.

La joie était dans la maison de Catherine ; ses complices calculaient déjà tous les avantages qu'ils pourraient retirer d'un si puissant protecteur, comptaient l'or qu'il allaient gagner, escomptaient leur impunité, lorsque Lesage entra un matin chez Catherine, dans une agitation extrême, et lui dit :

— Tout est perdu ; le surintendant a été arrêté à Nantes et conduit à la Bastille.

— En êtes-vous bien sûr? demanda Catherine.

— Trop sûr, je me suis renseigné. D'ailleurs, ce n'est plus à cette heure un secret pour personne. Fouquet est déchu de ses dignités, accusé de haute trahison et condamné d'avance. Je vous dis que tout est perdu et que nous n'avons plus de protecteur, plus d'espoir de richesse, plus de.....

— Je me protégerai donc moi-même, interrompit Catherine ; je me ferai riche et puissante ; car le coup qui abat Fouquet me relève, moi, et fait croire à l'infaillibilité de mes prédictions.

— Que voulez-vous dire ?

— J'avais prédit sa chute.

— Vous ?

— Eh ! oui. Ne vous souvenez-vous déjà plus des paroles que j'ai fait dire à Davot, lors de l'apparition de Mazarin ? Depuis j'ai toujours tenu le même langage en me basant sur l'orgueil de l'amant royal offensé, sur l'inconstance du monarque envers ses favoris. Cette fois encore, j'ai deviné juste. Et ma prédiction, tout le monde la connaît. Donc tandis que Fouquet descend dans un cachot, moi, je monte sur un trépied. Ce sont là les ordinaires vicissitudes de ce monde. Avant qu'il soit longtemps tout ce qu'il y a de noble en France voudra connaître et consulter celle qui a prédit une chute que nul ne pouvait prévoir et que nul n'osera comprendre.

Ce que venait de dire Lesage était la vérité.

Fouquet n'eut pas plus tôt remis au roi l'argent provenant de la vente de sa charge, qu'un voyage

Nantes fut décidé, sous couleur de presser les Etats de Bretagne d'accorder les subsides demandés, mais, en réalité, pour mettre avec plus de sécurité à exécution le projet d'arrêter Fouquet.

Brienne, ministre des affaires étrangères, reçut l'ordre de prendre le coche à Orléans et de descendre la Loire. En même temps des troupes étaient expédiées en Bretagne, afin d'y comprimer au besoin toute tentative de sédition.

Ces préparatifs inquiétaient Fouquet. Cependant il ne pouvait se dispenser de suivre le roi qui emmenait à Nantes ses ministres, une trentaine de gentilshommes et une compagnie de mousquetaires sous les ordres de d'Artagnan.

Louis XIV arriva à Nantes le 1er septembre 1661. Il descendit au château, tandis que Fouquet, par mesure de précaution, allait se loger à l'autre bout de la ville, dans une maison sous laquelle se trouvait un souterrain débouchant sur la Loire.

Trois jours après d'Artagnan recevait avis de se rendre chez Colbert qui, au nom du roi, lui ordonna de surveiller les abords de la maison du surintendant.

Ayant appris que Fouquet avait la fièvre tierce, Louis XIV envoya Brienne prendre de ses nouvelles. Le secrétaire d'État le trouva couché sur une pile de carreaux ; Fouquet tremblait la fièvre, mais paraissait fort tranquille d'esprit.

— Eh bien, dit-il gaiement au messager, que me voulez-vous, mon cher Brienne ?

— Je viens, de la part du roi, savoir comment vous vous portez.

— Sa Majesté a bien de la bonté pour moi, répondit Fouquet, qui crut à un retour de faveur, et dont l'heureux caractère, à la plus petite éclaircie d'un ciel nuageux, passait sans transition de la crainte à la plus entière confiance. Dites au roi que j'en suis profondément touché. Que dit-on au château? s'informa-t-il ensuite.

— Que vous allez être arrêté, dit Brienne en regardant fixement le ministre.

— Vous êtes de mes amis, mon cher Brienne, je puis donc m'ouvrir à vous; sachez que ce n'est pas moi, mais Colbert qui va être arrêté.

— En êtes-vous sûr?

— C'est moi-même qui ai donné des ordres pour le faire conduire sous bonne escorte au château d'Angers, et c'est Pellisson qui a payé les ouvriers pour mettre la prison hors d'état d'être insultée.

— Puissiez-vous ne pas vous tromper! murmura Brienne en se retirant.

Dans la soirée Brienne revint. Il recommanda à Fouquet, de la part du roi, de se trouver au conseil, le lendemain, à sept heures du matin. Cette fois, il le trouva abattu.

— On vient de m'apprendre, dit le surintendant, que les gardes de Chavigny sont allés se saisir de Belle-Isle. Gourville me presse de me sauver par l'aqueduc; malgré la surveillance que d'Artagnan fait exercer par ses mousquetaires autour de mon logis, je pourrais gagner le fleuve où m'attend un petit bateau... Mais rassurez-vous, s'interrompit-il, à un geste de surprise du ministre des affaires étrangères, je ne mettrai pas votre amitié dans la dure nécessité de manquer à vos devoirs: je suis décidé à me livrer à l'entière discrétion de Sa Majesté.

Le lendemain, à sept heures, Fouquet était au château. Il prit part au conseil; il donna, avec une grande liberté d'esprit, toutes les explications que lui demanda Sa Majesté sur les affaires de son service et signa même une ordonnance de caisse de quatre-vingt-dix mille livres destinées aux officiers de marine.

A ce moment, Le Tellier, sorti le premier du conseil, communiquait de la part du roi au maître des requêtes Boucherat, l'ordre d'aller mettre au plus vite les scellés chez le surintendant.

Tout se trouvait préparé pour l'arrestation, et Louis XIV, sachant que Fouquet comptait au nombre de ses amis le duc de Gesvres, capitaine des gardes, avait chargé de cette mission délicate d'Artagnan, homme d'exécution, qui ne connaissait que sa consigne. En sortant du conseil, Fouquet croisa dans un corridor, M. de La Feuillade, qui lui dit tout bas:

— Prenez garde, il y a des ordres donnés contre vous.

Cette fois, Fouquet voulut au moins essayer de

sauver sa liberté ; quand il fut hors du château, au lieu de se diriger vers sa chaise, il monta dans celle d'un de ses amis. Mais d'Artagnan, ne le voyant pas venir, se douta de quelque chose, poursuivit la chaise étrangère et en quelques minutes l'eut rejointe.

— Monsieur, dit-il au surintendant, qu'il aperçut, au nom du roi, je vous arrête !

— Est-ce bien à moi que vous en voulez, monsieur d'Artagnan ? répliqua Fouquet, sans laisser paraître aucune émotion.

— Vous êtes bien le surintendant des finances, n'est-ce pas ?

— Oui.

— C'est bien vous que j'ai mission d'arrêter.

D'Artagnan lui demanda ensuite ses papiers, puis il le fit monter dans un carrosse à treillis de fer, que cent mousquetaires escortèrent jusqu'au château d'Angers.

Louis XIV fut aussitôt prévenu :

— Messieurs, dit-il à ses courtisans, j'ai fait arrêter le surintendant. Désormais je ferai mes affaires moi-même.

Du château d'Angers, le prisonnier fut transféré dans celui d'Amboise et de là à Vincennes ; enfin quand les commissaires chargés de le juger se furent réunis à l'Arsenal, on l'amena à la Bastille. Ce ne fut que trois ans plus tard, après des débats, des plaidoiries écrites ou verbales, après trente-neuf mois de captivité préalable, en décembre 1664, que la chambre de l'Arsenal rendit son arrêt.

Si l'on en juge d'après les papiers saisis dans son château de Saint-Mandé, Fouquet méritait la potence et pourtant, dans ce procès, l'odieux est resté attaché au nom de Louis XIV, tandis que la pitié a suivi le criminel...

Par crainte d'être écrasés dans sa chute, la plupart des courtisans abandonnèrent lâchement Fouquet. Il y eut même un certain duc de Gesvres qui se désespérait, non pas de ce qu'on eût arrêté son ami, mais de ce qu'un autre que lui eût été chargé de ce soin.

— Ah! s'écriait-il, le roi m'a déshonoré. Sur son ordre, j'eusse arrêté mon père, à plus forte raison mon meilleur ami. Est-ce que Sa Majesté soupçonne ma fidélité! Qu'il me fasse couper le cou, alors!

Seuls, ou à peu près, les femmes, les artistes et les gens de lettres restèrent fidèles au Mécène tombé. Mademoiselle de Scudéry, madame de Sévigné, Molière, La Fontaine et Hénault furent de ceux-là, montrant ainsi qu'en dépit du proverbe, celui qui sème les bienfaits ne récolte pas toujours l'ingratitude.

Leur dévouement toutefois ne put sauver Nicolas Fouquet : il fut condamné à un bannissement perpétuel. Chose inouïe! par un monstrueux abus de sa puissance, Louis XIV aggrava le châtiment prononcé par les juges : au lieu de laisser le ministre prendre le chemin de l'exil, il le fit saisir et enfermer au château de Pignerol, sous le prétexte que le banni pouvait porter à l'étranger les secrets de l'Etat! C'est ainsi que ce despote usait de ce droit sacré attribué à la clémence royale, d'adoucir les souffrances des condamnés! Encore cette vengeance ne satisfit-elle pas sa haine : il avait espéré que la sentence irait à la peine capitale. On raconte qu'il se trouvait chez mademoiselle de La Vallière quand on lui annonça que Fouquet avait la vie sauve.

— Bien lui en a pris, car s'il eût été condamné à mort, s'écria-t-il avec un geste de colère, je l'aurais laissé exécuter.

Il est vrai que Louis XIV n'avait point oublié que le nom de sa maîtresse avait été trouvé inscrit sur le livre destiné à relater les noms, prénoms, surnoms de toutes les filles ou femmes de condition que le surintendant avait possédées, ainsi que les dates des victoires remportées et les sommes qu'avaient coûtées les *faveurs* de ces beautés. Toutefois l'inscription concernant mademoiselle de La Vallière était restée incomplète : le marché n'avait point été conclu. Le philtre de la Voisin avait été impuissant sur le cœur de la demoiselle d'honneur de Madame.

Et puis ce tyran, qui avait pour devise ces mots latins qu'il n'aurait pu traduire sans l'aide de son précepteur : *Nec pluribus impar*, ne voulait autour de lui de rivaux ni en luxe, ni en gloire, ni en amour. De même qu'il n'y a qu'un soleil aux cieux, de même il ne devait y avoir qu'un roi en France. Il ne vola pas seulement sa liberté à Fouquet, il lui prit encore les grands hommes qu'il avait découverts : Levau, Le Nôtre, Lebrun, Molière, La Fontaine.

Les partisans de Fouquet condamné ne se bornèrent pas à faire son éloge, ils attaquèrent son ennemi. On n'osait s'en prendre au roi, on s'en prit à Colbert. Comme nous l'avons dit, Colbert avait pour armes une couleuvre, Fouquet, un écureuil. On fit les boîtes à surprises ; elles contenaient un écureuil et, d'un double fond, s'élançait une couleuvre, qui le piquait au cœur et le tuait. Ces boîtes, en un instant, furent à la mode, et l'inventeur fit fortune. De plus, comme c'était surtout parmi les gens de lettres que Fouquet avait ses amis, ce furent les gens de lettres qui attaquèrent Colbert avec le plus d'acharnement. Voici un des sonnets que l'on composa contre le protégé de Mazarin, lequel, au reste, devait peut-être à cette protection posthume la majeure partie des haines qui le poursuivaient.

> Ministre avare et lâche, esclave malheureux,
> Qui gémis sous le poids des affaires publiques,
> Victime dévouée aux haines politiques,
> Fantôme respecté sous un titre onéreux,
>
> Vois combien des grandeurs le comble est dangereux.
> Respecte de Fouquet les affreuses reliques.
> Et, tandis qu'à sa perte en secret tu t'appliques,
> Crains qu'on ne te prépare un destin plus affreux.
>
> Il sort plus d'un revers des mains de la Fortune.
> Sa chute quelque jour te peut être commune.
> Nul ne part innocent d'où l'on te voit monté.

> Garde donc d'animer ton prince à son supplice,
> Et, près d'avoir besoin de toute sa bonté,
> Ne le fais pas user de toute sa justice.

Puis on fit un léger changement aux armes de Col
bert : c'était une couleuvre sortant d'un marais su
lequel un soleil darde ses rayons, avec cette devise
Ex sole et luto.

De cette époque la réputation de Catherine, que l
chute prédite du surintendant mit au premier rang
des devineresses, s'établit dans la plus haute sociét
parisienne, grâce aux seigneurs qui avaient assisté
l'évocation de l'ombre de Mazarin, et à La Fontain
qui, instruit de la prédiction, ne se faisait faute de l
raconter à qui voulait l'entendre, servant en cela, san
le savoir, les criminels projets de la sibylle. Du fon
de sa prison, Fouquet lui-même l'apprit à sa famille
et, quoique privé de ses biens, il voulut récompen
ser la devineresse, dont il espérait que la science lu
servirait, sinon à reconquérir sa liberté, du moins
se venger. Il fit à Catherine une pension de cen
pistoles, qui lui fut constamment servie.

VII

LA CLIENTÈLE DE LA VOISIN

Un soir du mois de mai 1670, un carrosse très simple et sans armoiries s'arrêta à la porte de l'hôtel habité par la Voisin et situé rue Maubuée, où stationnaient déjà plusieurs voitures. Un laquais sans livrée descendit aussitôt pour ouvrir la portière ; mais une voix impérieuse l'arrêta en disant :

— Attendez que je m'assure que c'est bien ici.

Aussitôt, par l'ouverture d'une des glaces, apparut une tête, mais si bien encapuchonnée dans une mante de soie noire, qu'il était impossible de distinguer ses traits. Après avoir promené quelques instants son regard sur la façade de la maison :

— C'est bien ici, j'ai reconnu l'enseigne de la Voisin, dit la dame à la mante en s'adressant à deux autres dames qui, également voilées, se tenaient blotties au fond de la voiture. Ouvrez, ordonna-t-elle au valet de pied.

Le marche-pied abaissé, les trois femmes descendirent et se glissèrent mystérieusement dans une allée dont la porte n'était que poussée. Par un escalier assez mal éclairé, elles montèrent au deuxième étage. Sur le palier se tenait un nain, bizarrement vêtu, dans le goût des bouffons vénitiens du seizième siècle ; en voyant arriver les trois femmes, il étendit une baguette, comme pour les empêcher d'aller plus loin.

— Que désirez-vous ? demanda-t-il.

— Consulter l'esprit, répondit la dame à la mante noire.

— Entrez et attendez, fit le nain en soulevant une portière de tapisserie et en introduisant les trois femmes dans une antichambre.

Ce ne fut qu'au bout d'une demi-heure que s'ouvrit une porte masquée dans la tapisserie et qu'une voix prononça le mot :

— Entrez !

Les trois visiteuses furent introduites dans une seconde pièce qu'elles se mirent à examiner avec une curiosité mêlée d'effroi. Cette vaste salle était coupée en deux par un grand rideau de serge noire, sur lequel se détachaient, brodés en rouge, des caractères cabalistiques et des figures hideuses ; des peaux de serpent, des crocodiles et un chat noir, dont les yeux semblaient lancer du feu, couronnaient le haut de ce rideau magique. A droite étaient peintes les constellations, à gauche les signes du zodiaque, et au plafond était accrochée une énorme tête de mort, tenant entre ses dents une lampe à trois becs qui éclairait seule l'appartement. Tout à coup le rideau de serge se tira comme de lui-même, et les trois consultantes se trouvèrent en présence de la sibylle.

La Voisin était montée sur une estrade, sur laquelle étaient rangés douze squelettes. Au milieu se trouvait un trépied antique, dans lequel brûlaient des parfums âcres et pénétrants. La devineresse était vêtue de noir. Ses cheveux, coiffés d'un turban rouge, pendaient en nattes sur son cou, qui était nu, ainsi que ses bras et ses pieds ; la ceinture qui serrait sa taille, était fixée par un gros grenat qui jetait des feux sombres.

A l'arrivée de ses clientes, elle tenait une baguette magique d'une main et de l'autre, appuyée sur une table, elle soutenait son front, comme si elle eût été absorbée dans ses pensées. Sur cette table on voyait, jetés pêle-mêle, des cartes, un verre, un œuf, du marc de café et une mappemonde.

Au bout de dix minutes seulement, elle parut sortir de cette sorte d'extase ; elle leva la tête ; par quelque artifice de toilette sans doute, ses yeux, pareils au grenat de sa ceinture et d'une grandeur extraordinaire, jetaient des lueurs étranges.

— Que me veut-on encore, demanda-t-elle, et n'aurai-je donc de repos que dans la tombe ?

— Pardon, madame, de venir vous fatiguer, fit, d'une voix habituée à donner des ordres, la dame à la mante noire ; mais je voudrais savoir.....

— Taisez-vous, interrompit la sibylle ; vos affaires ne me regardent point ; c'est à l'esprit qu'il faut vous adresser ; c'est un esprit jaloux et qui défend qu'on entre dans ses secrets ; je ne puis que le prier pour vous et lui obéir en ce qu'il m'ordonnera.

A ces mots, la Voisin descendit de son trépied, passa dans une pièce voisine et reparut bientôt, tenant d'une main un réchaud aux formes bizarres, et de l'autre une feuille de papier rouge ; tout à coup les trois becs de la lampe pâlirent, et la chambre ne fut plus éclairée que par la flamme bleuâtre du réchaud ; tous les objets prirent alors une teinte fantastique, au grand effroi des visiteuses.

La devineresse posa le réchaud au milieu de la salle, présenta le papier à la dame qui lui avait adressé la parole, et lui dit :

— Madame, voici une feuille de papier charmé ; asseyez-vous à cette table sur laquelle vous trouve-rez des plumes et de l'encre sympathique, écrivez ce que vous voulez demander à l'esprit et signez.

L'inconnue prit le papier, s'assit et écrivit.

— Que dois-je faire de cette lettre ? demanda-t-elle quand elle eut formulé sa requête, au bas de laquelle elle avait mis sa signature.

— Pliez-la et cachetez-la, répondit la nécroman-cienne en lui présentant un bâton de cire vierge.

L'inconnue fit ce que lui demandait la sibylle et lui remit la cire et la lettre cachetée, que celle-ci alla jeter dans le réchaud. La lettre s'enflamma et en quelques instants fut réduite en cendres.

— L'esprit connaît déjà vos secrets et sait ce que vous lui demandez, dit la Voisin.

— Et vous, ne le savez-vous pas ?

— Non. Mon rôle se borne à servir d'intermédiaire à l'esprit. Dans trois jours, il vous fera parvenir la réponse.

— Où et comment ? s'enquit l'inconnue.

— Je l'ignore. Tout ce que je puis vous affirmer, c'est que vous recevrez cette réponse. Maintenant vous pouvez vous retirer. Comus ! cria-t-elle.

A cet appel, le nain apparut.

— Reconduis ces dames, lui ordonna-t-elle.

En se levant pour se retirer avec ses deux compagnes qui avaient gardé le silence durant cette consultation, l'inconnue laissa sur la table une bourse gonflée de pièces d'or et suivit Comus. Le valet les fit sortir par un escalier dérobé. Les trois visiteuses remontèrent dans leur voiture qui les emporta rapidement dans la direction des Tuileries.

— Que pensez-vous de cette sibylle, ma chère marquise? demanda, pendant le trajet, la dame qui avait consulté la Voisin, en s'adressant à l'une de ses compagnes.

— Pour me prononcer, Olympia, j'attends la réponse de l'esprit.

— Et vous, Madeleine?

— A mon avis, la Voisin a très bien joué son rôle de pythonisse. Je conviens que j'ai été quelque peu émue, car elle sait à merveille user de tous les artifices pour faire naître la curiosité et même ce vague effroi qui est de l'essence des choses surnaturelles.

Je suis pourtant de l'avis de madame la duchesse, j'attends la fin pour juger de ce que nous venons de voir et d'entendre.

Une fois seule, la Voisin avait tiré un pli de son sein. Ce pli était de forme et de couleur absolument semblables à celles du billet remis par l'inconnue à la sibylle qui l'avait brûlé. Elle l'avait ouvert et avait lu :

« J'ai épousé un homme sans amour et n'ai pu épouser celui que j'aime. Aujourd'hui l'homme aimé me dédaigne pour une autre femme. Je prie l'esprit de me dire quel est cet homme et s'il me rendra jamais son cœur ?

« COMTESSE DE SOISSONS. »

— Eh ! quoi ! s'écria la sibylle étonnée, c'était la comtesse de Soissons, celle qu'on appelle la noire Olympe ! Ah ! si j'avais su !... Mais elle reviendra. Elle a trop généreusement payé mes services, acheva-t-elle en soupesant la bourse, pour n'en avoir plus besoin. Cette bourse contient les arrhes de plusieurs crimes.

C'était bien en effet Olympia Mancini, la nièce de Mazarin, qui, accompagnée de la marquise d'Alluye et de Madeleine d'Angennes, avait osé venir consulter la célébrité du jour, la devineresse la Voisin. Disons maintenant quel motif l'avait poussée à faire cette louche démarche.

Les Mémoires du temps ont noté avec complaisance les premiers bégaiements du cœur de Louis XIV. Tour à tour il parut s'attacher à la duchesse de Châ-

tillon, à Elisabeth de Ternau et enfin à Olympia
Mancini, une des trop nombreuses nièces que Mazarin, ce gredin de Sicile, comme l'appelait Condé,
avait conviées à venir prendre leur part de sa faveur
croissante. Olympia, compagne des premiers jeux et
une des inclinations enfantines du monarque, avait
fait craindre un moment que l'ambitieux cardinal ne
la portât jusque sur le trône. Insinuante et perfide, elle
s'était, comme ses sœurs, fait aimer du roi. Elle n'é-
tait pas belle pourtant, à en croire ses contemporains,
avec son visage long, son menton pointu et son teint
olivâtre. Le teint d'une cheminée, disent les Maza-
rinades. Mais, pour qui sait apprécier, ces traits allon-
gés, cette mine de Bohême, ces cheveux noirs comme
l'orage, cette pâleur ardente, ces yeux, sombres et
profonds comme l'abîme, révèlent des beautés étranges
et fascinatrices. Elle avait un esprit diabolique,
oseur, sans scrupules comme sans apprêts. L'âme
était noire comme le visage. Elle ressentait de folles
et redoutables amours, passagères et tourmentées.
Elle s'enivrait de jalousies et de vengeances.

Mazarin la destinait au lit royal ; mais, un jour,
convaincu par un horoscope, que sa nièce ne serait
jamais reine, il se décida à la marier au comte de
Soissons, homme excellent, mari point jaloux, que
l'on croirait fait exprès pour l'impure nièce du cardinal. Elle lui donnera en effet huit enfants que jamais la robuste confiance du comte ne songera à dé-
savouer.

Cette sombre Italienne a bien pu renoncer à la couronne, mais non pas à la faveur royale : elle s'en grise, elle la veut à elle seule et elle la dispute avec rage à sa sœur Marie, devenue la favorite du jeune monarque. Quant à ce dernier, il n'a jamais eu pour elle qu'un goût passager, qui se réveillera plus d'une fois, il est vrai. C'est ainsi qu'on le vit, à diverses reprises, fréquenter les Tuileries, qu'habitait la comtesse de Soissons, surintendante de la reine Marie-Thérèse, et les médisants assuraient que la comtesse pour s'attacher à nouveau le cœur du prince, n'avait pas reculé devant l'adultère.

Nulle influence ne pouvait être plus fatale à la France, et cependant Louis s'attachait à elle chaque jour davantage, lorsque l'arrivée à la cour d'Henriette d'Angleterre vint rendre inutiles les séductions d'Olympia. Dès lors le charme fut de nouveau rompu, cette fois par la resplendissante beauté de Madame

Pour échapper aux poursuites de cette obstinée d'amour, le roi lui détacha de Vardes, l'irrésistible débauché, qui la séduisit par ordre.

A l'époque où nous en sommes arrivés de notre récit, Olympia avait tout à fait perdu sa partie contre sa rivale, qui, à son tour, avait été vaincue par la tendresse désintéressée de La Vallière. Dès lors l'Italienne n'avait plus songé qu'à nouer les fils d'une de ces intrigues qui, désormais, rempliront toute sa vie, et dont le dénoûment sera toujours quelque mort suspecte et inattendue.

Madame s'était rapprochée d'Olympia Mancini, qui détestait La Vallière et ne cherchait qu'à la renverser. « Elle avait, dit M. Gaboriau, essayé de déplacer les faveurs du roi en offrant à son amour deux des plus jolies personnes de la cour, mais elle avait échoué. Elle imagina alors, en collaboration avec de Vardes, un complot à double fin qui devait perdre La Vallière dans le présent et Henriette dans l'avenir.

Pour arriver à son but, elle se fit l'alliée de Madame qui, elle aussi, rêvait le renversement de la favorite.

Les conspirateurs imaginèrent de supposer une lettre du roi d'Espagne à Marie-Thérèse, lettre dans laquelle, après avoir appris à sa fille tout ce qui se passait, il lui représentait qu'il était de sa dignité de reine de faire chasser de la cour la maîtresse de son mari.

Le plan était habile, l'exécution ne l'était pas moins. L'écriture et le style du roi d'Espagne avaient été merveilleusement contrefaits. La reine y eût été prise, de là esclandre et chute de La Vallière. Toute cette belle machination échoua cependant. » Le complot fut révélé au roi, dans les mains de qui arriva la fausse lettre du roi d'Espagne.

La comtesse reçut l'ordre de quitter la cour.

A son retour d'exil, qui fut de courte durée la jalousie d'Olympia changea tout à coup d'objet en apprenant que de Vardes l'avait délaissée pour la belle Henriette d'Angleterre. Elle en conçut une jalousie mortelle et jura de se venger de cette trahison en appelant au besoin le crime à son aide.

C'est à la suite de cette détermination qu'elle s'était décidée à entrer en relations avec la Voisin en s'assurant préalablement de son talent de magicienne. De là cette consultation que nous avons relatée précédemment.

Ainsi que la promesse lui en avait été faite, trois jours après sa visite à la sibylle, Olympia, étonnée et charmée tout à la fois, trouvait, en se réveillant, sur sa table de nuit, une lettre portant cette suscription, d'une écriture inconnue :

A la comtesse de Soissons.

et contenant ces mots :

« Le cardinal Mazarin, votre oncle, vous a fait, par politique, épouser le comte de Soissons. Le roi vous a bien aimée. Votre amour, quelque charme qu'il ait, ne suffira pas seul à vous le ramener.

« L'Esprit. »

La réponse était écrite sur un papier pareil à celui sur lequel avait été faite la demande.

— Si mon amour seul ne peut le ramener, s'écrie la comtesse, j'aurai recours au diable s'il le faut, mais je veux redevenir la maîtresse du roi. J'ai deux rivales, elles disparaîtront !

De cette époque datent les relations de la comtesse de Soissons avec la Voisin à qui elle avait fait part de son intention de punir Madame de lui avoir enlevé l'amour de de Vardes. La nécromancienne l'avait mise alors en rapport avec Lesage.....

Le 30 juin 1670, au matin, éclata comme un coup de foudre cette terrible nouvelle : « Madame se meurt, Madame est morte ! »

Ce trépas si prompt, si inattendu, caractérisé d'ailleurs par tous les symptômes d'un empoisonnement, fit soupçonner un attentat.

L'infortunée princesse s'était fait servir des fraises à son déjeuner ; à peine les eut-elle mangées qu'elle éprouva de violentes douleurs d'entrailles.

— Je suis empoisonnée! s'écria-t-elle.

Aussitôt son visage devint pâle et plombé. Ses yeux, ordinairement vifs et brillants, s'éteignirent. Ses membres se contournèrent ; d'horribles convulsions défigurèrent ses traits si délicats, crispèrent ce corps tout à l'heure si gracieux... Ainsi mourut, à vingt-six ans, Henriette d'Angleterre, l'une des femmes les plus jolies, les plus spirituelles, les plus aimables de son temps.

Un an plus tard, la comtesse de Soissons perdait son mari. Au mois de juin 1673, comme il se rendait à Vesel, le comte fut trouvé mort dans son carrosse. C'était un bon militaire, mais fort borné. C'est lui qui, bien avant M. Jourdain, fut surpris d'apprendre qu'il faisait de la prose.

Une lettre de l'ambassadeur Michel au doge de Venise attribue ce subit accident à la rupture d'un

abcès intérieur ; mais des rumeurs de poison s'éle
vèrent aussi autour de cette mort ; l'abbé de Choi
nous a transmis le récit d'une scène de sorcellerie o
madame de Soissons, en présence de M. de Villero
son amant, se fait prédire la mort de son mari
qui pourrait bien avoir été jouée par un de ces so
ciers qui avaient des moyens si puissants pour assu
rer l'accomplissement de leurs prédictions.

La veuve, dont l'hôtel était devenu le rendez-vou
favori des devineresses et des charlatans, n'en con
tinua pas moins ses visites à la Voisin et au prêt
Lesage. Désormais il ne s'élevait plus d'obstacle
entre son amour et le monarque... si ce n'est l
Vallière et l'indifférence du roi. Il fallait les fai
disparaître...

Avec sa clientèle et ses revenus augmentaient
luxe, les serviteurs, les fourberies et les plaisi
honteux de la veuve Voisin. Insatiable, elle trouv
bientôt qu'elle ne gagnait pas assez d'argent
qu'elle ne faisait pas assez de mal, et de la fourb
rie elle passa au sacrilège, du sacrilège au crim
Aidée de ses deux prêtres et de Destinelli, pour d
monceaux d'or, elle profana la tombe des mort
elle évoqua le diable ; alchimiste elle-même, el
coopéra à la découverte de ce poison subtil qu
dans un élan de gaieté bachique, elle avait bapti
du nom de poudre de succession, et dont elle traf
qua pour soutenir ses débauches. Aux titres de sag
femme et de devineresse elle joignit celui d'empo

sonneuse. Non-seulement elle prédisait aux héritiers la mort de leurs riches parents, mais encore elle s'engageait à leur livrer, pour ainsi dire, l'évènement qu'elle avait prédit.

Le résultat de l'association dont nous avons parlé, fut d'amener un surcroît de crimes, de morts instantanées, subites, dont les causes restaient inconnues.

La Voisin avait pour clients, outre la comtesse de Soissons, la présidente Le Féron, madame de Tingry, la comtesse de Roure, le maréchal de Luxembourg, Pennautier, et cent autres personnages, plus illustres par leur naissance, leurs fonctions, leurs richesses et leur crédit. La position de la Voisin parut alors affermie pour toujours : les services qu'elle rendait aux femmes les plus qualifiées, aux hommes les plus influents dans les affaires et à la cour, paraissaient lui garantir une impunité absolue.

Ne pouvant suffire à la besogne, la Voisin et ses complices résolurent de s'associer à quelque alchimiste en renom. Leur choix s'arrêta sur le chevalier de Sainte-Croix.

Ce Sainte-Croix, né Gaudin tout court, bien qu'il portât le titre de chevalier, était dévoré d'ambition. Grâce à un physique agréable, à un esprit plein de saillies spirituelles, au prestige qui, de tout temps, s'est attaché aux charmes de la jeunesse, puissamment relevés par une réputation méritée de gai compagnon, le verre à la main, et de terrible adversaire, l'épée au poing, il avait, à vingt-cinq

ans, conquis le grade de capitaine au régiment de
Tracy. Sans patrimoine, sans ressources connues
il avait toujours mené grand train. L'argent nécessaire à ces dépenses, il n'avait pas honte de le ramas-
ser dans la fange de la débauche.

— Il n'y a qu'un âne qui, ayant soif, refuse de
boire, parce qu'il aperçoit un peu de vase au fond
de l'abreuvoir, avait-il répondu, un jour, à un officier qui lui avait jeté quelques dures vérités à la
face et qu'il remercia de sa franchise en lui ouvrant
la poitrine d'un coup d'épée.

Il s'était lié d'amitié avec le marquis de Brinvilliers, mestre de camp du régiment de Normandie
qui l'avait présenté à sa femme. La marquise, sans
être belle, avait une figure agréable ; Sainte-Croix
en devint amoureux et... ajouta de nombreux fleu-
rons à la couronne de marquis du mestre de camp.

Son rôle ne se borna pas à enlever à son ami la
tendresse de sa femme : par ses conseils fut obtenue
une séparation de corps et de biens, ce qui lui per-
mit de prendre au logis la place du mari, de puiser
à même dans le coffre-fort et de commander aux
domestiques. Dès lors madame de Brinvilliers en-
graissa l'amour du chevalier et foula effrontément
aux pieds les lois de la pudeur et de la morale en se
montrant, devant tout Paris, au bras de son amant.

Pour couper court à ce honteux commerce, M. de
Dreux d'Aubray, père de cette éhontée créature et
lieutenant civil au Châtelet de Paris obtint une lettre

le cachet et fit enfermer Sainte-Croix à la Bastille.

Quand il entendit se refermer sur lui la porte de son noir cachot, le chevalier poussa un rugissement de bête fauve et, sentant la haine emplir son âme, il s'écria :

— Enfer et damnation ! me voici enterré vivant ! Qui donc me vengera de ce vieillard stupide ?

— Moi ! répondit une voix.

Dans le premier moment, le prisonnier crut à un cauchemar, à une hallucination ; mais devant lui se dressa tout à coup une forme humaine, longue, maigre, vêtue d'un pourpoint, et dont le visage disparaissait à moitié sous une épaisse barbe blanche. A cette vue, Sainte-Croix chercha instinctivement son épée, oubliant qu'elle était restée consignée au greffe. Sans doute le personnage fantastique s'aperçut de ce geste de menace, car il dit :

— A quoi bon la violence ? Tu as appelé un vengeur, j'ai répondu à ton appel.

— Qui êtes-vous ? demanda l'amant de madame de Brinvilliers d'une voix où passait comme un frisson d'épouvante.

— Qui je suis ? répondit le fantôme. Tout à l'heure tu appelais la vengeance à l'aide de ta haine. Eh bien, la vengeance, c'est moi !

— Ce n'est pas là un nom, fit Sainte-Croix, un nom de chrétien du moins.

— Qu'importe ! Veux-tu te venger d'abord et m'appartenir ensuite ?

— Si je veux me venger ! s'écria le prisonnier. Oh ! oui, mais encore faut-il que je sache à qui je me donne en échange d'une vengeance assurée.

— Sache-le donc, répondit le vieillard. Puisqu'il te faut un nom, je vais te dire le mien ; il est assez connu d'ailleurs : je m'appelle Exili.

— Exili ! répéta, d'une voix étranglée, le chevalier, qui sentit en ses veines le froid d'un nouveau frisson. Ah ! quelque terrible que fût pour moi le fantôme, l'homme dépasse encore ce que mon imagination pouvait rêver de plus horrible. Exili, c'est-à-dire le crime incarné.

A ces mots, un petit rire sec siffla à travers les lèvres minces du vieillard.

Expliquons rapidement l'effroi du chevalier.

La proscription italienne avait jeté en France Exili, à qui le crime avait fait une de ces renommées que le monde entier commente avec effroi. Il avait eu pour maîtres René et la Tofana, cette dernière surtout qui, trafiquant de l'*aqua tofana*, avait empoisonné plus de six cents personnes, dont deux papes.

Il avait ramené cette ténébreuse époque, pleine d'épouvante, des Locuste et des Canidie, des Médicis et des Borgia, dont il semblait avoir galvanisé les cadavres pour leur arracher leurs secrets. On disait même qu'il avait été l'empoisonneur à gages de madame Olympia, la terrible courtisane aimée d'Innocent X.

Il possédait la recette de toxiques si étonnamment

subtils, qu'un gant, une chemise imprégnés de poudre invisible, impalpable, pouvaient donner la mort, toxiques dont la science de l'époque ne fournissait pas les moyens de reconnaître la présence dans les organes de la victime.

De nouveau donc le poison s'était glissé traîtreusement dans la nourriture, dans les habits, dans les fleurs, et l'Italie avait vu en peu de temps succomber plus de cent cinquante victimes.

Les hauts personnages que leur position même signalait à la haine d'Exili, tombaient foudroyés ou traînaient leurs jours misérables, les entrailles brûlées par un lent poison.

Ces longues agonies et ces morts rapides, on savait quelle main, habile à manier les toxiques, les prolongeait ou les précipitait, et pourtant on ne pouvait convaincre Exili d'empoisonnement; le pape en fut réduit à le bannir de Rome.

Chassé de sa patrie, l'empoisonneur italien avait pris le chemin de la France. Là, il avait continué sa criminelle industrie. Il n'avait pas tardé à attirer sur lui les regards et les soupçons de l'autorité; mais ce fut sans preuve matérielle de sa culpabilité que la police le fit écrouer à la Bastille. Possédé du démon du mal, il n'avait pu se résoudre à abandonner ses terribles recherches; il parvint à se procurer un matériel d'alchimiste, qu'il établit dans la cheminée de sa chambre, et cela par l'entremise de son geôlier, nommé Vigoureux, qui consentit également à servir

d'intermédiaire entre l'empoisonneur italien et se
clients du dehors. Pour reconnaître les services du
guichetier, Exili lui avait remis plusieurs paquets d
différentes poudres avec les recettes de certain
breuvages qui se payaient au poids de l'or.

Nous avons dit comment ces poudres et ces recette
avaient été utilisées par la Voisin et par son amie l
Vigoureux, veuve du porte-clefs de la Bastille.

Exili était enfermé depuis six mois, quand l
gouverneur, n'ayant plus de cellule disponible, lu
donna pour compagnon le chevalier de Sainte-Croix

Le hasard avait réuni deux monstres, dont l
chambre devint une officine où se distillaient impunément les poisons les plus énergiques.

Au bout d'un an, Sainte-Croix recouvra la liberté
Depuis lors, l'ancien libertin se rangea; on ne le vi
plus courir ni les brelans, ni les endroits mal famés
Il ne prit plus de plaisir qu'en bon lieu. Il devin
même un fervent chrétien et poussa le zèle jusqu'
composer plusieurs ouvrages de dévotion. Bref, i
joua de la religion comme autrefois il avait joué du
matamore, et cela pour se faufiler dans l'intimit
des grands et arriver ainsi à donner carrière à s
haine contre la noblesse. Ajoutons que, grâces au
puissantes protections dont disposait madame d
Brinvilliers, Exili ne tarda point lui-même à sorti
de la Bastille.

Ces deux fauves établirent leur repaire chez l
Brunet, au cul-de-sac de la place Maubert. Ce lieu

sinistre, digne d'abriter leur criminelle industrie,
était peuplé d'individus faméliques, à mine patibu-
laire, plus occupés à détrousser les passants et à éviter le poignet des archers qu'à s'inquiéter des moyens
d'existence de leurs voisins. Ce milieu convenait
donc parfaitement au nouveau genre de vie adopté
par Sainte-Croix.

Tels étaient les deux hommes dont les empoisonneurs de la rue Maubuée désiraient s'adjoindre la
puissante collaboration. La Voisin avait été chargée
de négocier cette alliance. Avec les renseignements
fournis par la veuve Vigoureux et par Lesage qui
avait rencontré plusieurs fois Sainte-Croix dans les
églises, elle se disposa à remplir sa mission.

Par suite des exigences de son nouveau rôle, le
chevalier, sans rompre avec la marquise, ne la venait plus voir que la nuit et encore s'entourait-il
de toute sorte de précautions.

Après une de ces visites, il se disposait à rentrer
chez lui lorsqu'une main se posa sur son épaule.
Pensant avoir affaire à quelque ribaud en quête de
larcins, Sainte-Croix tira son épée ; mais, s'étant
retourné, il se trouva, au moment de frapper, en
face d'une femme voilée.

Un éclat de rire moqueur fit rentrer l'épée dans le
fourreau.

— Réservez vos coups pour une personne plus re-
doutable, monsieur le chevalier de Sainte-Croix, fit
une voix fraîche et bien timbrée ; je ne viens vous

6.

demander ni la bourse ni la vie, mais, au contraire, vous apporter peut-être l'une et l'autre. Cependant, comme les choses dont j'aurais à vous entretenir ne doivent être dites en plein vent, vu qu'elles pourraient tomber dans les oreilles d'un archer, — et ces messieurs du guet sont, paraît-il, d'une curiosité gênante, — j'ai préféré vous écrire cette lettre que vous lirez à loisir ; vous y prendrez intérêt, je n'en doute pas, et vous y trouverez l'aperçu d'un projet qui, j'en suis sûre, vous agréera fort.

En entendant prononcer son nom, Sainte-Croix avait fait un haut-le-corps d'étonnement ; lui qui avait espéré *travailler incognito* dans ce quartier, voilà que tout d'un coup on venait l'y relancer. Un moment il songea à fuir et à porter ailleurs ses pénates et ses alambics ; mais l'aventurière avait parlé d'un projet qui devait lui agréer, et il était resté, retenu par la curiosité et par cet attrait irrésistible que toujours fait naître l'inconnu.

Il avait donc tendu la main vers la lettre que la femme voilée avait tirée de son corsage et qu'elle lui présentait.

Au contact du papier, le chevalier se dit :

— Pardieu, j'étais fou de m'alarmer ; il ne s'agit que d'une bonne fortune. Le diable soit des ténèbres qui ne me permettent pas de m'assurer *de visu* des charmes physiques de cette inconnue dont l'étrange démarche pique fort ma curiosité ! Si je lui offrais l'hospitalité ? Allons, encore une bêtise. Joli nid pour de jeunes amours que ce taudis de la Brunet ! Il est vrai que je n'ai probablement pas fait la conquête d'une princesse. Peut-être est-ce quelque escholière abandonnée que la faim aura chassée de son lit. Bast ! si je me risquais ?

Déjà il ouvrait la bouche pour offrir un coin de son cœur et de sa chambre à l'inconnue, quand, se ravisant :

— Et mon secret, se dit-il, si elle venait à le surprendre ? Non, non, pas de femme ici, pas d'imprudence, si je ne veux pas attirer dans mes affaires l'œil curieux de la police. Mais il y a un autre moyen de récompenser cet amour.

Et Sainte-Croix, avec cette fatuité qu'ont donnée de tout temps aux soldats les victoires remportées sur des cœurs faciles dans les villes de garnison, arrondit galamment son bras, puis, la bouche armée d'un sourire vainqueur dont l'effet fut d'ailleurs manqué, grâce à l'obscurité, il dit à celle qu'il prenait pour une ribaude :

— Je ne sais si tu es jeune ou vieille, belle ou laide ; mais, si tu veux, j'ai encore assez d'écus dans mon escarcelle pour t'offrir un souper aux Porcherons. Là, je pourrai juger de tes qualités physiques, et toi, de ma générosité. Tope là, est-ce convenu ?

— Vous vous méprenez, monsieur, je ne suis pas ce que vous pensez, répondit l'inconnue d'une voix à demi fâchée.

— Qui êtes-vous donc alors ?

— Ma lettre vous le dira. Mais je vous quitte, chevalier, je suis dans un quartier trop... galant pour que ma vertu n'y coure pas quelque danger.

— Qu'à cela ne tienne, belle inconnue, si un fin souper aux Porcherons ne vous sourit pas, permettez-moi, du moins, de vous reconduire jusqu'à votre logis.

— Ah ! voilà justement ce que je ne veux pas.

Et, d'un pied agile, avant que Sainte-Croix étonné eût pu faire un pas, elle avait disparu à l'angle d'une rue adjacente, où l'attendait notre connaissance, le nègre Joachino.

— Que diable veut dire ceci ? se demanda anxieusement le chevalier resté seul. Drôle d'aventure ! Me serais-je trompé sur la qualité de cette femme ? Une courtisane n'eût pas refusé à souper. Que peut-elle être ? Eh ! pardieu ! Le meilleur moyen de le savoir, c'est de prendre connaissance de sa lettre.

Ayant ainsi pensé, Sainte-Croix se fit ouvrir la porte de son logis et lestement grimpa l'escalier de sa chambre. A la lumière d'une lampe, il lut ce qui suit :

Monsieur le Chevalier,

« Je sais que vous êtes dévoré d'ambition, que vous aspirez à la fortune et aux honneurs. Comment l'ai-je appris ? Peu vous importe.

« Bien que je vous sois complètement inconnue, je vous affirme cependant que vous n'avez pas à raindre d'indiscrétion de ma part; au contraire, peut-être me devrez-vous la réalisation de vos rêves, si vous avez le bon esprit d'accepter ce que je viens vous proposer.

« Je connais également votre liaison avec l'Italien Exili, ce maître ès poisons, que des protecteurs puissants, mais qui tiennent à garder le secret de leurs relations avec vous, vous ont aidé dernièrement à faire sortir de la Bastille.

« Ce n'est pas sans motif, n'est-il pas vrai? que vous avez voulu vous associer de nouveau cet être à la sanglante renommée, qui vous avait déjà initié à la Bastille à ses terribles combinaisons chimiques?

« Grâce à l'affreuse science de l'Italien, vous espérez arriver à la richesse et vous n'avez pas tort. Voulez-vous que je vous mette en relation avec un personnage que vous aiderez à arriver à la puissance par la mort de gens qui le gênent, et qui vous payera largement vos poisons en même temps qu'il vous poussera vers le but que vous poursuivez?

« Ceci entendu, j'aurai à vous soumettre un projet qui, j'en suis sûre, obtiendra votre assentiment.

« Je tiens à ne pas me faire connaître de vous avant que vous ayez consenti à ce que je vous offre. Vous approuverez ma réserve, je pense, et vous verrez par ma discrétion, comme vous en avez déjà pu augurer par cette lettre, que vous n'avez rien à redouter du hasard qui m'a fait la dépositaire de vos terribles secrets.

« Si vous acceptez, laissez une lampe allumée
votre fenêtre qui s'ouvre sur le cul-de-sac, je pass
rai là demain soir, à l'heure du couvre-feu ; je sau
rai ce que cette lumière signifie, et, la nuit sui
vante, je vous présenterai à votre domicile la personn
qui fondera l'édifice de votre fortune . »

En même temps qu'elle intrigua Sainte-Croi
cette lettre le jeta dans une affreuse perplexité.

— Si j'allais prendre l'avis de mon conseiller,
dit-il, peut-être n'est-il pas couché.

Sainte-Croix alla, sans plus tarder, frapper à
porte du laboratoire de l'Italien.

Malgré l'heure avancée, Exili travaillait encor

— Que diable t'arrive-t-il ? demanda l'empoiso
neur en remarquant l'air sombre du chevalier.

Sans répondre, ce dernier tendit la lettre à s
maître ès poisons. Exili la lut avidement.

— Qu'en pensez-vous ? demanda l'amant de
marquise, quand l'Italien eut fini sa lecture.

— Il faut recevoir cette femme, répondit Exil
car la promesse de cette inconnue peut n'être ni u
leurre ni un guet-apens. Toutefois, il faut être pr
dent ; pour moi, avant sa visite, je ferai disparaît
d'ici tout ce qu'il y a de compromettant.

— Je me range à votre avis, fit Sainte-Croi
rassuré, en gagnant sa chambre à coucher.

Le lendemain, l'intérieur de la maison de
veuve Brunet avait pris un air relativement honnêt
A huit heures du soir, une lampe allumée fut plac

sur la fenêtre de la chambre de Sainte-Croix donnant sur le cul-de sac de la place Maubert.

A ce signal, deux personnes qu'enveloppaient mystérieusement d'amples manteaux, frappèrent, à coups discrets, à la porte de la rue. Sainte-Croix, ayant prudemment congédié ses domestiques et leur ayant permis de passer la nuit dehors, descendit ouvrir. Muni d'une lanterne sourde, il en dirigea un rayon sur ses nocturnes visiteurs. Il constata que l'un était masqué et qu'en outre, par surcroît de précautions sans doute, un chapeau aux larges bords etait une ombre épaisse jusque sur le bas du visage. Quant à l'autre personne, une fois entrée, elle avait relevé son voile : c'était la Voisin.

—Je vous remercie, chevalier, de votre confiance, dit-elle. Vous ne vous en repentirez pas. Je vous amène la personne que je vous ai annoncée dans ma lettre... Mais, s'interrompit-elle, vous n'allez pas, j'imagine, nous donner audience dans cette allée humide?...

— Je vous demande pardon, madame, fit Sainte-Croix qui, choqué de la persistance de l'inconnu à garder son masque, ne se hâtait pas d'introduire dans la place ses visiteurs, — des ennemis peut-être, — à vous contempler et à vous écouter, j'oubliais mes devoirs d'hôte. Merci de me les avoir rappelés, ajouta-t-il en montrant du doigt l'escalier de son logis.

— On n'essuie pas de meilleure grâce une vive

contrariété, se dit la Voisin en grimpant les marches.

Une fois assis dans une chambre d'aspect bourgeois, la Voisin reprit la conversation.

— Je n'ai pas encore reçu permission, reprit-elle, de vous révéler le nom de mon compagnon. Toutefois, je puis vous dire que c'est un de mes plus fidèles clients et qu'il a besoin de votre ministère ; il veut arriver à la fortune et aux honneurs, et rien ne l'arrêtera pour parvenir à son but. Consentez à l'aider à se débarrasser des entraves humaines qui gênent sa marche vers les honneurs et je vous garantis qu'il réalisera vos rêves, si ambitieux qu'ils soient.

— Je ratifie tout ce que vient de dire madame, déclara l'homme masqué. Sûr de son courage, étranger à toute crainte et à tout scrupule, je lui ai fait part de mes projets, en la priant de me procurer des poisons qui tuent sans laisser de traces, et dont j'ai besoin pour aider le hasard à me soulever jusqu'au poste que j'ai résolu de conquérir ; elle m'a répondu que seul vous pouviez me venir en aide ; voilà pourquoi, monsieur, nous sommes ici ce soir. Tous trois nous sommes ambitieux, je le sais ; dans le jeu terrible que nous tenons contre la société, nous gagnerions plus facilement la partie, si nous mettions nos atouts dans la même main. Confiez-moi vos cartes, monsieur le chevalier, et, je vous le jure, je ne vous oublierai pas dans le partage du gain.

Sainte-Croix hésitait à prendre un parti.

— L'entente n'est point douteuse, reprit la Voi-
in, et, si j'en juge d'après cette entrevue qu'à ma
prière nous a accordée M. de Sainte-Croix, il serait
tout disposé à débattre nos propositions. Me trom-
perais-je, monsieur le chevalier?

— Il m'est bien difficile de me prononcer, madame, car ma réponse pourrait me mener bien haut,
peut-être... mais pas comme vous l'entendez.

— Que craignez-vous?

— Certes, madame, vous avez des charmes sou-
verains auxquels je rendrais volontiers les armes;
mais encore, dans une affaire aussi grave que celle
que vous me proposez, est-il nécessaire de savoir
avec qui l'on s'engage.

— Vous avez raison, fit la Voisin; à fréquenter
M. de La Fontaine, je suis devenue presque aussi
distraite que lui. J'aurais dû commencer par vous
dire qui je suis. Je vais réparer cet oubli. Je me
nomme Catherine Deshayes, plus connue sous le
nom de la Voisin...

— Quoi! s'écria Sainte-Croix, tout à coup rassuré, vous seriez la célèbre devineresse qui a prédit
la chute de Fouquet?

— Oui. Et je viens de la part de mes amis, les
prêtres Lesage et Davot, et l'Italien Destinelli, vous
proposer une association. Vous apporterez vos poisons; nous, nous fournirons la clientèle.....

— Avant de répondre à vos propositions, ma-

dame, interrompit Sainte-Croix, permettez-moi tou
d'abord de vous poser une question.

— Je vous écoute, chevalier.

— Je ne vous cacherai pas que la façon myst
rieuse avec laquelle vous êtes arrivés jusqu'à m
ne laisse pas que de m'inquiéter. Qui a pu vous ren
seigner sur ma vie, sur mes liaisons, sur mes pro
jets? Vous me pardonnerez cette demande en consi
dération du puissant intérêt que j'ai à la formuler.

— L'explication est facile et n'a rien qui doi
vous effrayer, répondit la Voisin; vous souvenez
vous de Vigoureux, monsieur de Sainte-Croix?

A ce nom le chevalier tressaillit.

— C'était mon geôlier à la Bastille, répondit-i
Mais qu'y a-t-il de commun entre vous et lui?

— Ce Vigoureux avait une femme, — je d
avait, car le pauvre homme est mort, — et sa femm
est devenue mon amie à la suite de couches qu'ell
a faites chez moi. Cette femme a su, dans l'intimité
arracher au mari les secrets confiés par les prison
niers au geôlier. Par elle j'ai appris ce qui vou
avait conduit à la Bastille, de quelle façon vous
avez passé votre temps, les projets que vous devie
mettre à exécution à votre sortie et ensuite vos dé
marches, couronnées de succès, pour délivrer Exi
de ses chaînes. J'ai reconnu en vous un homme pui
sant, affranchi de tout préjugé, et j'ai pensé qu
vous consentiriez non-seulement à être utile à mo
ami, mais encore à prêter votre concours à notr

...ssociation dont le but est l'exploitation de la bêtise
...t surtout des passions humaines. Ai-je eu tort ?

— Je n'ai plus d'objection à vous opposer, répondit le chevalier en se levant ; toutefois la conclusion
de notre pacte ne dépend pas de moi seul, mais aussi
de mon associé, je veux parler d'Exili.

— Rien de plus juste, fit le compagnon de la Voisin en se levant également. Au surplus, Exili est
trop expert en ces matières pour que nous ne solli-
citions pas son adhésion et son concours.

— Suivez-moi donc, monsieur et madame, conclut Sainte-Croix en se dirigeant vers la chambre de
l'Italien.

Que se passa-t-il entre ces quatre personnages ?
La suite de cette histoire nous l'apprendra.

Catherine était arrivée à son but : elle se ven-
geait de la noblesse, la compromettait, l'humiliait
et lui prenait son or. Elle savait habilement profiter
des vices et de la corruption de son siècle. Pendant
vingt ans, la France fut infestée par le poison et par
la croyance à la magie ; pendant vingt ans, la Voisin
et ses complices débitèrent publiquement et impunément l'horrible poudre de succession.

Ne voyant dans la vie que deux choses : les plaisirs et l'or qui les procure, Catherine partageait
ainsi son existence : le jour était consacré à gagner
de l'or par le crime, et la nuit, à le dépenser en or-
gies.

Grâce aux renseignements puisés aux diverses

sources que nous avons déjà indiquées, nous allon[s]
faire pénétrer plus profondément le lecteur dans l[es]
mystères de cette criminelle existence.

« Une dame de trente-six ans environ, encore fra[î]-
che et belle, s'était présentée deux fois rue Maubué[e]
sans pouvoir obtenir audience, tant la devineres[se]
était occupée. La troisième fois, elle y retourna[it]
avec crainte, lorsque, à peine eut-elle touché l[e]
seuil de la maison, la porte s'ouvrit devant ell[e]
comme par enchantement, avant même qu'elle e[ût]
frappé. Un homme d'une taille gigantesque s'a[-]
vança à sa rencontre et lui dit d'une voix rauque [et]
brusque :

— Entrez et suivez-moi, la belle dame ; la Voi[i]-
sin est visible, cette fois.

Et ce disant il se mit à marcher devant l'inconnu[e]
qui, voyant qu'il s'engageait dans un corrid[or]
vaste et obscur, hésitait à le suivre.

— Venez donc, cria de nouveau cet homme[;]
avez-vous peur ?... Oh ! soyez tranquille, vous n'ave[z]
rien à craindre tant que le *mangeur d'hommes* e[st]
avec vous.

C'était ainsi qu'on avait surnommé Jean Vigou[-]
reux, garde du corps ordinaire de Catherine e[t]
chargé d'introduire certaines personnes.

La dame avança. Après plusieurs détours, ils arr[i]-
vèrent au bas d'un escalier à vis construit dan[s]
une tourelle. Ils montèrent dix marches et parvin[-]
rent à une porte très basse ; Vigoureux frappa troi[s]

oups ; la porte s'ouvrit d'elle-même et se referma sur eux. Ils traversèrent une antichambre et arrivèrent dans une pièce plus grande. » Devant la cheminée était accroupi Comus, le nain de la sibylle, personnage d'une laideur phénoménale. Vigoureux avança une chaise à l'inconnue et alla prévenir la Voisin, pendant que Comus cherchait à amuser la dame par ses tours et ses bouffonneries ; mais elle n'y prêtait pas attention, préoccupée qu'elle était sans doute de l'objet de sa démarche. Enfin Joachino vint prendre l'inconnue et l'introduisit dans une pièce où il disparut dans le mur. La dame se trouva en présence de la devineresse.

« La Voisin jeta un regard scrutateur sur la personne qui venait la consulter et lui demanda d'une voix sourde ce qu'elle désirait d'elle.

— Est-ce le passé, le présent ou l'avenir que vous voulez savoir ?

— Le passé, dit la dame d'une voix décidée, je cherche à l'oublier ; le présent, je le connais ; l'avenir, je voudrais le diriger à mon gré en ce qui me concerne.

— Ceci échappe à ma puissance, reprit Catherine ; consultez l'esprit, je le prierai pour vous.

— L'esprit ? dit la dame ; de quel esprit voulez-vous parler ?

— D'un esprit qui a le pouvoir de changer ici-bas tout l'ordre de la nature, à qui tout est possible, et que j'ai seule le droit d'évoquer dans ce monde. Lui

seul donc peut vous satisfaire en changeant la l[
de votre destinée.

— Je dois donc vous dire, madame, le motif q[
m'amène, afin que vous le consultiez ? dit la dam[
avec un peu de trouble.

— Non, madame, non, je ne dois rien savoir[
c'est entre l'esprit et vous que les choses doiven[
se passer. Voici du papier charmé, écrivez-lui san[
me montrer la lettre.

Avant de s'asseoir à la table pour tracer sa d[
mande, l'inconnue remit une bourse à la devin[
resse.

— Je ne me trompais pas, se dit Catherine e[
supputant la somme que pouvait contenir cet[
bourse, pour payer aussi cher, c'est assurément u[
crime que cette femme vient acheter.

La lettre écrite, la sibylle la prit, la brûla e[
comme elle avait fait pour la comtesse de Soisson[
en congédiant l'inconnue, elle lui promit, dans l[
trois jours, une réponse de l'esprit.

« La dame s'enfuit précipitamment et rentr[
chez elle, s'enferma pour réfléchir, sur ce qu'el[
venait de faire et sur ce dont elle avait été témoi[
Cette dame était madame Brunet, riche bourgeois[
mère d'une fille de seize ans et femme d'un vie[
mari. M. Brunet avait résolu de marier sa fille [
Philibert, le fameux joueur de flûte, qui, avec d[
Coteaux, faisait encore les délices de la cour. Phil[
bert n'avait vu dans ce mariage qu'une bon[

ffaire, par la dot considérable de la demoiselle, et
'épousait plutôt par ce motif que par amour, car il
vait à peine aperçu sa future; comme toutes les
iches demoiselles, elle était encore au couvent. Or,
l advint que madame Brunet, déjà connue par des
galanteries si communes à cette époque aux riches
bourgeoises comme aux femmes de qualité, s'éprit
d'une folle passion pour son futur gendre. Elle com-
battit d'abord cette obsession, mais ne put la vaincre. Elle chercha à rompre le mariage et ne put y
parvenir. Son mari, faible dans toute autre occasion,
se montra inébranlable dans celle-ci. Alors cette
femme, prenant en haine son époux, ne pouvant
voir sans effroi celui qu'elle aimait passer dans les
bras de sa fille, songea à recourir, dans son désespoir, à la femme dont le pouvoir surnaturel était,
disait-on, sans bornes pour ces sortes d'affaires. Elle
courut chez la Voisin, décidée à tout faire pour arriver à son but. La réponse de la devineresse l'avait
d'abord déconcertée; mais, fortement émue, et cré-
dule d'ailleurs comme les gens de cette époque, elle
s'était décidée à écrire à l'esprit, et se bornait à lui
demander si ce mariage devait se faire, et comment
on pouvait agir pour l'empêcher et rendre le calme
à son âme. Rentrée chez elle, elle commença à
regretter sa démarche, et avait peine à croire que la
réponse à sa lettre lui parvînt jamais. Cependant,
elle passa deux jours dans une cruelle incertitude; le
troisième, elle trouva sur son lit, le matin en se

réveillant, un billet plié comme celui qu'elle ava[i]
écrit et cacheté de même. Elle l'ouvrit avec anxié[té]
et lut ce qui suit :

« Mariage sans amour. — Amour plus tard. [—]
Existence désespérée. — Une apoplexie foudroyant[e]
— Le couvent au lieu de l'autel. — L'autel au lie[u]
du veuvage. »

Madame Brunet ne comprit rien à cette répon[se]
qui lui parut une énigme, et s'en alla chez la Vo[i]-
sin en chercher l'explication. Elle entra comme l[a]
première fois, et fut introduite plus vite qu'à l'o[r]-
dinaire, avec les cérémonies d'usage. La sibylle jou[a]
l'étonnement en la voyant, et lui dit :

— Que voulez-vous encore, madame? L'esprit [ne]
vous a-t-il pas répondu?

— Si, madame, dit madame Brunet ; mais je n'[ai]
pas compris sa réponse, et je viens vous prier de m[e]
l'expliquer.

— Elle est pourtant bien claire, dit la devineres[se]
après avoir lu la prétendue lettre de l'esprit: voi[ci]
d'abord ce qui doit arriver dans le cours des chos[es]
naturelles : « Mariage sans amour, amour plus tar[d,]
vie désespérée. » Le mariage de votre fille, —
car c'est de votre fille qu'il s'agit, je le sais p[ar]
l'esprit, — ce mariage, dis-je, se fera sans amour [de]
la part de son époux. Plus tard, il l'aimera, et vou[s]
— car c'est vous qui aimez cet homme, je le sa[is]
encore, — passerez le reste de vos jours dans le désespoir et dans les larmes. Maintenant voici ce qu[e]

l'esprit peut accorder à mes prières pour changer
votre destinée : « Apoplexie foudroyante, le couvent
au lieu de l'autel, l'autel au lieu du veuvage. »
L'apoplexie foudroyante indique le genre de mort
de votre mari, le couvent est pour votre fille, et l'autel
est pour vous unir à celui que vous aimez.

Après ces paroles, il se fit un grand silence, pendant lequel Catherine prit une attitude sombre et
méditative. Madame Brunet, pâle et très émue, n'o-
sait lever les yeux ; on lisait sur ses traits et sur ses
lèvres agitées d'un tremblement convulsif, le com-
bat qui se livrait dans son âme.

— Mes moments sont comptés, dit enfin la Voisin, acceptez-vous ?

— Pour cela que faut-il faire ?

— Votre offrande à l'esprit, qui me donne les
moyens de faire la conjuration terrible propre à
amener ce résultat.

— Est-ce assez de cinq mille livres ?

— Ce n'est pas trop.

— Dans une heure vous en aurez sept.

— Dans une heure je commencerai la conjuration.

— Le mariage doit se faire après-demain.

— Demain vous serez veuve.

A ces mots, elle la congédia comme la première
fois.

Le lendemain, en effet, M. Brunet fut trouvé mort
dans son lit, frappé d'une apoplexie foudroyante ;

trois mois après, la veuve Brunet épousait Philibert
et la fille prenait le voile. »

C'était là l'ordinaire façon d'opérer de la Voisin. On venait frapper plusieurs fois à sa porte avant
d'être admis en sa présence ; elle avait le temps ainsi,
en faisant suivre les personnes, d'apprendre qui elles
étaient et de connaître leur position. Quand madame Brunet fut reçue, la devineresse savait déjà
son nom, et était sur la voie du motif qui l'attirait
chez elle. Cet esprit et cette manière de correspon-
dre avec lui, qu'elle avait inventée, étaient d'une
utilité extrême pour apprendre ce qu'elle devait
avoir l'air d'ignorer, et répondre ce qu'elle jugerait
convenable ; lorsqu'elle faisait écrire à l'esprit et
lorsqu'elle remettait la boule de cire vierge en priant
de plier la lettre d'une certaine manière et de la cacheter, elle avait dans la main une autre lettre absolument semblable, qu'elle substituait adroitement à
celle du consultant. Seule, la lettre préparée était
jetée dans le brasier, et la personne n'y voyait que...
du feu. Le délai de trois jours permettait, à elle de
combiner une réponse, et à un de ses gens, le plus
souvent Joachino, de nouer dans la maison quelque
intrigue qui lui permettrait de faire parvenir cette
réponse mystérieuse sans qu'on sût d'où elle venait.
Ces oracles étaient toujours conçus de manière à
exiger une explication : de là nouvelle visite et double payement. Cette ruse, qui nous paraît si grossière aujourd'hui, n'était pas même soupçonnée

ette époque, et l'on trouvait une foule de gens qui croyaient fermement à l'esprit familier de la Voisin. D'aucuns, en très petit nombre, faisaient semblant d'en être la dupe, afin de ne pas confier directement à une pareille femme leurs projets criminels. Alors la Voisin entrant franchement dans leurs idées, prédisait la mort de la personne dont ils avaient intérêt à se défaire. Cette mort devait être toujours précédée de quelque accident arrivé dans la maison. C'était une bouteille cassée, une glace brisée, des porcelaines renversées ; l'accident arrivait toujours à point nommé, causé par quelques gens qu'elle avait gagnés, et comme elle était parvenue à une telle perfection de poison qu'elle pouvait calculer pour ainsi dire l'heure de la mort en le faisant prendre même longtemps à l'avance, sa prédiction ne manquait jamais de s'accomplir. A tout hasard elle mêlait des choses surnaturelles à tout ce qu'elle faisait, dans le doute où elle était des personnes qui venaient la consulter. Elle joignait à cela une grande habileté pour lire sur les physionomies, pour deviner les passions et les flatter. Elle exerçait d'ailleurs une supériorité marquée sur tous ceux qui venaient la consulter, car la plupart avaient à rougir devant elle. Les relations qu'elle s'était créées par l'espionnage continuel de ses gens, les bruits sans importance qu'on lui rapportait et qu'elle consignait fidèlement, la mettaient quelquefois au fait du motif d'une visite avant que la personne eût ouvert la bouche pour l'en instruire. Elle en profitait avec adresse et promptitude. Souvent ses clients eux-mêmes lui ont servi de compères dans des choses qu'ils voulaient voir réussir, et c'était la partie la plus agréable, sinon la plus lucrative de son métier, parce que ces compères ne cessaient d'acheter son silence à chaque demande d'argent qu'elle leur adressait.

Voici un épisode de ce genre rapporté par M. Alboize :

« Un lieutenant des mousquetaires gris était amoureux d'une jeune femme, veuve et baronne, qui occupait une haute situation à la cour. Douée d'un esprit romanesque et superstitieux, cette baronne était venue plusieurs fois consulter la Voisin au sujet de la fidélité de son amant ; car les mousquetaires ne passaient point pour être des modèles de constance.

Le lieutenant, mis au courant des visites de sa belle, voulut, lui aussi, consulter la devineresse qui, possédant les secrets de tous deux, put faire des prédictions à coup sûr. La noble veuve néanmoins ne se décidait pas à épouser et un jour même, par caprice, elle congédia le lieutenant. Le soir même, ce dernier gagnait une ville, à vingt lieues de Paris, et de là, adressait à la veuve un billet pour lui annoncer que, la rupture étant irrévocable, il allait faire tous ses efforts pour oublier l'ingrate. A cette lecture, la baronne qui commençait à déplorer sa cruelle détermination, sentit au fond de son cœur le dard de la jalousie et courut chez la Voisin.

« Elle trouva au bas d'un petit escalier couvert de tentures élégantes la Vigoureux qui, parée avec tout le luxe du temps, la reçut le sourire sur les lèvres ; elle pénétra dans un premier salon richement meublé, où des domestiques en livrée l'escortèrent un flambeau à la main jusqu'à la salle d'attente ; elle s'assit et refusa de toucher aux fruits et aux rafraîchissements que les valets s'empressaient de lui présenter pendant que la Vigoureux était allée prévenir sa maîtresse. Au bout de peu d'instants, la Vigoureux vint la chercher, et la fit passer dans un cabinet, où elle la laissa seule. Cette pièce était partagée en deux par un rideau en velours cramoisi, garni de glands à torsades, et brodé en argent ; au-dessus un petit amour doré, le bandeau sur les yeux, étendait ses ailes d'azur, et tenait à la main un flambeau dont la lueur douteuse et molle éclairait l'appartement.

Une belle tapisserie représentait les pythonisses célèbres de l'antiquité, et notamment Cassandre, qui les dominait toutes. Sur la cheminée étaient deux vases de porphyre dans lesquels brûlaient des parfums.

Le rideau s'ouvrit et laissa voir sur une estrade la Voisin dans une toilette aussi galante que recherchée. Elle avait à ses pieds un trépied d'or ; à la main, sa baguette d'ivoire ; devant elle une table chargée d'appareils cabalistiques et dans le fond son miroir magique voilé d'une gaze d'argent.

La baronne s'approcha sans crainte de la devineresse, et lui dit de l'air d'une femme connaissant les habitudes du lieu :

— Le présent ?

Avec une dextérité extrême, la Voisin fit avec sa baguette trois paquets de cartes, trois signes de croix à rebours avec sa main gauche et, ayant retourné ses cartes, elle les interrogea en silence. Au bout de quelques minutes, elle dit d'une voix grave, en regardant tour à tour la baronne et les cartes :

— Il est absent... à quinze... à vingt lieues de Paris. Cette absence vous tourmente, vous chagrine, vous inquiète ; vous craignez qu'il ne vous oublie, qu'il ne coure après d'autres conquêtes... Vous êtes jalouse.

— Moi ? fit la baronne avec un léger accent de dépit.

— Vous-même, répondit la Voisin d'un ton impitoyable ; jamais les cartes n'ont été si positives.

— Je vous assure qu'elles vous trompent. Moi ! jalouse de ce petit lieutenant !... allons donc !

— Si vous avez vraiment la conviction que les cartes me trompent, madame, pourquoi venir les consulter ?

— Je ne sais... une fantaisie, un caprice.

— L'esprit qui préside à toutes mes opérations et qui m'a inspiré l'art que je professe me défend de le profaner en obéissant aux caprices. Il exige que je ne traite qu'avec des personnes qui croient sérieusement à ma science ; ne trouvez donc pas mauvais que je lève à l'instant cette séance.

— Vous êtes aujourd'hui d'une bien méchante humeur, madame... Eh bien, soit, je suis jalouse.. Après ?

— Et vous voudriez savoir s'il vous aime toujours, s'il n'a pas exécuté la menace qu'il vous a faite en partant, celle de vous oublier auprès d'une autre femme.

— En vérité, on dirait que ma pensée est de verre avec vous... Tout cela est vrai, et si vous pouviez me dire ce qu'il en est... ce qu'il fait... ce qu'il pense en ce moment...

— Vous allez le voir de vos yeux, madame.

— D'ici ?

— D'ici même, dans le miroir magique, si l'esprit se rend à mes prières.

A ces mots, tombant à genoux et se prosternant la face contre terre, la Voisin s'écria :

— Esprit éternel, qui daignes protéger la faible créature qui t'est soumise, par le magique alphabet que j'épelle avec toi, par les nombres sacramentels que je compte, par les mots sacrés que je prononce, exauce ma prière et fais voir ta puissance.

Pour finir elle prononça trois mots barbares et se releva.

Au même instant, une lueur d'azur éclaira l'alcôve où était l'estrade ; la gaze d'argent s'écarta, et l'on vit, reflétée dans le miroir magique, l'image du mousquetaire baisant un portrait qu'à sa forme la baronne reconnut pour le sien. Cette apparition dura quelques secondes. La gaze d'argent s'abaissa de nouveau et la lueur s'éteignit.

— Vous l'avez vu, madame ? demanda la Voisin.

— Oui, répondit la baronne, émue et tremblante.

— Il vous aime encore ; mais ces cartes me disent que si, avant deux heures, il n'a pas la preuve que vous l'aimez aussi, il vous sera infidèle pour toujours.

— Infidèle !... lui !... et dans ce moment où plus que jamais je sens que je l'aime... ah ! comment faire ?

— Ecrivez-lui de revenir, et de la lui faire parvenir sur-le-champ.

La baronne, sous le poids du regard magnétique de la devineresse, s'approcha d'une table sur laquelle était un élégant pupitre de velours amaranthe, prit une plume d'or, et traça quelques lignes sur un papier azuré que la Voisin lui présenta. Quand elle eut fini, celle-ci lui donna, selon son usage, la boule de cire vierge, lui dit de cacheter la lettre de la manière dont elle le lui indiqua et la prit de sa main. La baronne alors ne pouvant contenir sa curiosité plus longtemps, s'écria :

— Et vous êtes sûre de la faire parvenir avant deux heures ?

— Dans moins d'un quart d'heure vous la verrez entre ses mains.

— Quel est donc le messager assez rapide pour franchir ainsi les distances ?

— Le feu, répondit la Voisin.

Ce disant, elle jeta le billet sur le brasier ardent du trépied. La flamme s'éleva aussitôt, et une odeur parfumée se répandit dans la chambre. Pendant que la lettre se consumait, la devineresse se prosterna derechef, fit une seconde conjuration, à la fin de laquelle la gaze d'argent s'écarta de nouveau et laissa voir le mousquetaire lisant la lettre de la baronne.

Cette apparition ne dura pas plus longtemps que la première ; puis tout rentra dans l'ordre habituel.

— Maintenant, madame, dit la Voisin, le temps de faire la route, et il est à vos pieds.

— Oh ! je ne puis croire à tant de prodiges, repartit la baronne.

— Vous l'avez vu de vos yeux.

— Si tout cela n'est pas une illusion ou un rêve, s'il revient ce soir, s'il a reçu ma lettre, s'il me la représente, je vous donne deux cents louis.

La baronne s'enfuit précipitamment à ces mots, reconduite par la Vigoureux, qui attendait à la porte du cabinet. A peine était-elle partie, que le mousquetaire sortit de derrière le miroir et dit à son tour à la Voisin :

— Et moi, je vous en donne quatre cents si mon mariage se fait.

— Il se fera, et de plus il sera heureux, répondit la Voisin, si vous gardez éternellement le secret sur

la manière dont nous nous sommes entendus ensemble.

— Je ne révèlerais pas ce secret à mon ombre, fit
le lieutenant, de peur que la baronne ne vienne à
l'apprendre et ne me déteste aussi cordialement
qu'elle paraît m'aimer à cette heure.

— Je compte sur votre discrétion. C'est pour vous
complaire que j'ai consenti à jouer cette comédie indigne de moi, quand je pouvais, à l'aide de mon art
seul, divulguer toute la vérité à la baronne et dans le
miroir magique vous montrer vous cachant à Paris.
N'oubliez pas ce que j'ai fait pour vous, sinon, je m'en
souviendrai, moi.

— Les menaces sont inutiles ; mon intérêt vous
répond de mon silence, vous dis-je... Mais la lettre
qu'elle m'a écrite et qu'elle me demandera à voir
sans doute ?...

— La voilà.

— Vraiment !... Ah ! vous êtes toujours magicienne.

Le mousquetaire quitta ainsi la Voisin et arriva
vers minuit en chaise de poste à l'hôtel de la baronne.
Les deux amants furent mariés dans le mois, et la
devineresse toucha six cents louis de cette affaire,
qui, en somme, lui avait donné peu de mal. »

Monsieur, duc d'Orléans, se présenta un soir déguisé chez la Voisin, en compagnie de ses confidents
et favoris, le chevalier de Lorraine, le marquis
d'Effiat et le comte de Beuvron. Il avait pris à

Monsieur la fantaisie de posséder la bague de Turpin. Cette bague, paraît-il, donnait à son propriétaire le pouvoir de se faire aimer du roi et de le dominer (1).

Le duc d'Orléans demanda à la Voisin qui avait reconnu Son Altesse et peut-être même avait été avisée de sa visite, si elle pouvait lui procurer ce bijou, grâce auquel il gouvernerait Sa Majesté.

Selon les us et coutumes de la maison, la devineresse lui fit écrire une lettre adressée à l'esprit, et trois jours après le duc d'Orléans eut la réponse, l'informant que Satan seul pouvait donner cette bague.

Le duc revint donc à l'hôtel de la rue Maubuée et pria la Voisin d'évoquer le diable. Elle y consentit, à la condition toutefois qu'il lui serait remis une somme de quinze mille livres et qu'elle aurait du temps pour se préparer à cette évocation.

Au jour convenu, elle fit apparaître dans le miroir magique, avec les cérémonies les plus terribles, une figure que Monsieur accepta pour celle du diable, à

(1) Voici ce qui donna lieu à cette légende : une maîtresse de Charlemagne mourut avec cet anneau et, malgré ses efforts, l'empereur ne put parvenir à s'éloigner de la tombe. Turpin, archevêque de Reims, fut mandé aussitôt. Se doutant de quelque maléfice, il exorcisa le cadavre et finit par découvrir sous la langue de la défunte la bague dont il s'empara. Dès cet instant, l'amour de Charlemagne passa à l'archevêque, mais ce dernier ne voulut pas devoir sa faveur à un moyen diabolique et il jeta le talisman dans un lac. Charlemagne, ne pouvant s'éloigner de cet endroit, y fit bâtir Aix-la-Chapelle, où il voulut être enterré.

qui il réitéra sa demande. Le ventriloque Davot, qui
jouait le rôle de Satan, répondit que la bague de
Turpin ne pouvait être d'aucune utilité au duc d'Orléans, et cela par l'excellente raison que Louis XIV
possédait lui-même un talisman qui le mettait à
l'abri de toute domination.

Ainsi les quinze mille livres se trouvèrent acquises
à la Voisin.

Le duc d'Orléans ne s'en tint pas là : il vint une
seconde fois chez la devineresse pour s'informer de ce
qu'était dévenu un enfant du sexe masculin, dont
madame Henriette, sa femme, avait dû accoucher à
Londres, en 1668, et dont il se défendait énergique-
ment d'être le père. En Angleterre, le bruit courait
bien que cet enfant était mort au berceau, mais Monsieur désirait savoir catégoriquement à quoi s'en tenir sur ce point important.

Comme ce n'était pas là, à proprement parler, une
question de magie, la Voisin proposa à Monsieur de
s'assurer de ce fait par des moyens naturels ; avec
l'autorisation du prince, elle envoya à Londres, un
de ses cousins, Beauvillard, homme fort expéri-
menté dans ces affaires délicates qui exigent de la
ruse et de l'intrigue.

Au bout d'un mois, Beauvillard revint et raconta
cette histoire vraie ou fausse, à savoir que Henriette
avait effectivement passé en Angleterre, en 1668,
et qu'elle y était accouchée d'un garçon.

— Cet enfant existe, acheva-t-il ; il a été placé

chez une personne de confiance et son oncle Charles II va le voir souvent en cachette.

A cette nouvelle la fureur de Monsieur éclata, d'autant plus terrible, qu'il prétendait que Louis XIV était le père de cet enfant.

Le lendemain, il envoya à la Voisin cinq cents demi-louis comme prix de cette révélation. La devineresse, outrée de la ladrerie du prince, donna cette somme aux commissionnaires qui la lui avaient apportée, en les chargeant de dire à Monsieur que, s'il avait besoin du double, elle le lui prêterait. Le duc d'Orléans s'excusa en déclarant que cette somme devait seulement servir à payer les frais de voyage et en même temps il envoya quatre mille pistoles, un gros diamant et deux rangs de perles estimées douze mille livres tournois.

Le croirait-on? Monseigneur l'abbé d'Auvergne, Emmanuel-Théodore de La Tour, prince et cardinal de Bouillon, grand aumônier de France, eut, lui aussi, recours à la Voisin. Neveu et héritier du maréchal de Turenne, il n'avait recueilli qu'une succession assez médiocre. L'abbé d'Auvergne, qui ne pouvait admettre qu'avec son grand nom et ses hautes charges, son oncle eût été réduit à une telle indigence, se figura que le maréchal, qui, d'ailleurs, avait mené, toute sa vie, un train fort modeste, avait caché quelque part un trésor, et qu'ayant été frappé d'un coup de canon, la mort ne lui avait pas laissé le temps d'indiquer l'endroit où ce trésor était enfoui.

Ayant appris l'évocation de l'ombre de Mazarin, il se rendit, déguisé en Savoyard, chez la Voisin à qui il exposa sa requête.

— Pouvez-vous, lui demanda-t-il, me faire connaître le lieu où ce trésor est enfoui et par conséquent perdu ?

— C'est vous qui avez perdu la tête, répliqua la Voisin.

Cette réponse ne déconcerta point le grand aumônier de France qui insista et se mit à railler la devineresse sur l'impuissance de son art. Enfin il conclut en lui offrant cinquante mille livres si elle consentait à évoquer le fantôme de Turenne, et deux cent mille si ce fantôme indiquait le lieu où gisait le trésor. Cette offre était alléchante et méritait qu'on y prît garde. La Voisin revint donc sur son refus.

Voici d'ailleurs les clauses du pacte conclu entre la devineresse et le grand aumônier de France :

La Voisin s'engageait à évoquer l'ombre du vainqueur des Dunes, si la moitié de la somme promise, soit vingt-cinq mille livres, lui était payée d'avance, et l'autre moitié déposée entre les mains de l'abbé de Choisy, qui la lui remettrait après l'évocation. La Voisin demanda dix-sept jours de délai dont elle avait besoin pour préparer la conjuration. Il fut convenu en outre que la cérémonie serait tenue secrète et ensevelie dans un mystère absolu. Trois personnes seulement : le cardinal de Bourbon, la Voisin et Lesage, devaient assister à l'évocation. Toutefois, à cette lause le grand aumônier se récria et réclama la présence de deux gentilshommes dévoués à sa maison. Après quelques difficultés, la Voisin consentit. Enfin il fut décidé que la conjuration aurait lieu la nuit, sur le tombeau même de Turenne, dans la basilique de Saint-Denis, dont le cardinal s'engagea à faire ouvrir secrètement les portes, à la Voisin, à lui et à sa suite. Moyennant cent pistoles et la promesse d'un poste à la grande aumônerie, un sacristain consentit en effet à les introduire dans l'église de l'abbaye, « où, disait le contrat, ils avaient fait vœu de passer la nuit en prières ».

On sait en effet que Turenne avait son tombeau dans la basilique des rois de France. Cette épitaphe avait même été composée pour lui, mais l'orgueil ombrageux de Louis XIV s'opposa à ce qu'elle fût gravée sur la tombe de son sujet :

> Turenne a son tombeau parmi ceux de nos rois :
> Il obtint cet honneur par ses fameux exploits :
> Louis voulut ainsi couronner sa vaillance
> Afin d'apprendre aux siècles à venir
> Qu'il ne met point de différence,
> Entre porter le sceptre et le bien soutenir.

Sur l'avis de la Voisin, il fallut attendre un vendredi qui tombât en même temps le 13 d'un mois.

Au jour fixé, à onze heures du soir, la Voisin, sa servante Rose, Davot, Lesage, Destinelli et Joachino pénétrèrent dans les caveaux pour faire les préparatifs nécessaires. A minuit le cardinal arriva également, escorté de ses deux gardes du corps. Aussitôt commença la cérémonie sacrilège de la messe au rebours, dite par Lesage et servie par Destinelli.

Un autel funéraire, décoré des plus hideux emblèmes de la mort, était dressé devant le tombeau de Turenne et cachait entièrement le mausolée. Le crucifix, le calice, le ciboire et le livre de messe étaient renversés. Les deux prêtres, officiant et servant, avaient passé à l'envers leur chasuble, leur étole et leur surplis ; la sonnette agitée rendait un son fêlé ; l'hostie était couleur de feu et les burettes contenaient une liqueur enflammée. Les signes de croix se faisaient de la main gauche et au lieu du Christ, on invoquait Satan. Enfin, cinq cierges de cire noire éclairaient cette scène impie à laquelle osait assister un prince de l'Eglise !

Tout à coup éclata un orage épouvantable qui retentit lugubrement sous les voûtes des caveaux. A mesure qu'approchait le moment de la consécration, le tonnerre devenait plus éclatant et les éclairs plus livides et plus rapprochés. Enfin, à l'instant où Lesage, élevant l'hostie et invoquant Satan, prononçait pour la troisième fois :

— Le mort vient ! — un bruit pareil à celui de la foudre qui tombe, éclata subitement, un cri aigu se fit entendre, une dalle du chœur se souleva et, à travers une lueur sanglante, apparut le fantôme du maréchal secouant son suaire et se dressant derrière l'autel. Alors tout se tut : messe sacrilège et tonnerre ;

les assistants se prosternèrent la face contre terre, et une voix vibrante jeta dans l'air ces paroles indignées :

— Misérable avare, impie et sacrilège, ma renommée, voilà le seul trésor que j'aie laissé à d'indignes héritiers. Au lieu d'amasser de l'or, j'ai gagné des batailles ; au lieu de cacher des richesses, j'ai fait provision de gloire. Ma maison que tant de héros ont illustrée, va désormais déchoir et s'avilir ; tous ceux qui porteront le nom de Bouillon sont à l'avance déshérités de ma gloire et, avant un siècle, ce nom sera trop lourd pour vous, son poids vous écrasera et alors s'éteindra ma race, que personne n'est digne de continuer en ce monde.

Ces mots à peine prononcés, un nouveau coup de tonnerre éclata et le fantôme s'évanouit. La lueur sanglante s'éteignit et fit place à celle de lugubres cierges. Quelques personnes relevèrent la tête ; mais le cardinal resta dans la même position : aux premiers mots prononcés par le fantôme, il avait perdu connaissance. Les deux militaires le transportèrent jusqu'à sa voiture et le ramenèrent à Paris.

La Voisin se rendit le lendemain chez l'abbé de Choisy, toucha les vingt-cinq mille francs convenus, et se félicita cette fois d'avoir humilié d'un seul coup la noblesse et l'Eglise dans la personne d'un cardinal.

Il n'y a qu'un mot à dire pour l'intelligence de cette scène : Rose, la servante de la Voisin, déclara plus tard à la police qu'elle avait vu plusieurs fois le sacristain de l'abbaye de Saint-Denis en conférence avec sa maîtresse.

Nous avons plus d'une fois entretenu nos lecteurs de la haine que la Voisin portait à la noblesse. Fidèle à son serment de vengeance, elle tenait un registre sur lequel elle inscrivait exactement, non-seulement les noms et qualités de ses clients, mais encore l'objet de leurs visites. Sur ce registre figura le nom même de Marie-Thérèse.

La reine voulut voir la fameuse magicienne. La Voisin lui tira les cartes et lui offrit de composer un philtre assez puissant pour lui rendre le cœur du roi tout entier.

— J'aimerais mieux, s'écria Marie-Thérèse indignée, en réponse à cette proposition, pleurer toute ma vie les infidélités de mon époux que de devoir son affection à de pareils moyens, quand même je serais assurée que ce breuvage satanique ne nuirait pas à sa santé.

Madame de Montespan consulta également la devineresse. Elle exigea un philtre pour reconquérir la faveur royale ; il lui fut délivré et elle en but jusqu'à trois fois sans que le charme opérât. Trompée dans son attente, elle menaça la Voisin de sa colère.

Lauzun désirait avoir une certitude au sujet de son mariage avec Mademoiselle, qu'il voulait faire reconnaître. Il vint donc trouver la Voisin à qui il réclama en outre une recette pour être toujours aimé de la maîtresse du roi. Enfin il voulut savoir s'il serait jamais chevalier des ordres.

— Vous porterez le cordon bleu, lui répondit la devineresse.

La prédiction se réalisa ; seulement ce ne fut point l'ordre du Saint-Esprit que reçut Lauzun, mais celui de la Jarretière. La Voisin ne s'était trompée que de nuance : l'un était bleu foncé et l'autre bleu clair.

Enfin le comte de Bussy-Rabutin vint lui demander un charme qui le fît aimer de sa cousine madame de Sévigné, et un talisman qui le rendît seul favori du roi.

Une dame Marie Miron, femme de Brissart, conseiller au parlement, envoya la gouvernante de ses enfants, Marguerite Menot, faire chez la Voisin un mariage sacrilège *par représentation,* dont les paroles sacramentelles avaient été dites par Davot.

Elle donna à Lesage, en outre d'une voie de bois, vingt écus pour les enchantements et le cœur de poulet brûlé.

VIII

COMPLOTS CONTRE LA VIE DE LOUIS XIV

La comtesse de Soissons, sous divers déguisements, était revenue plus de trente fois chez la Voisin, qui, elle-même, se rendit à l'hôtel de sa noble cliente.

Elle voulait accaparer l'immense héritage de son oncle, le cardinal Mazarin, à l'exclusion des autres parents, mais elle désirait surtout obtenir de la devineresse des secrets, un philtre pour regagner l'amitié du roi et un poison pour faire disparaître mademoiselle de La Vallière. Dans l'espoir d'obtenir ce poison et de reconquérir cet ascendant qu'elle regrettait si amèrement d'avoir perdu, elle emportait des poudres pour faire prendre à Sa Majesté dont elle ne pouvait supporter l'indifférence croissante. Mais, comme ces poudres ne produisaient pas l'effet attendu, elle s'écria un jour avec fureur :

— Je vous jure que s'il ne me revient pas et que si je ne puis me débarrasser de cette femme, je pousserai ma vengeance à bout et me déferai de l'un et de l'autre.

Épouvantée des éclats de cette colère, la Voisin avait promis de faire une dernière tentative.

— Apportez-moi, lui dit-elle, des objets de toilette ayant appartenu à Louis XIV ; nous en ferons une poupée d'amour, sur laquelle nous pratiquerons les essais les plus énergiques. Si, après cette suprême conjuration, le roi reste encore indifférent à vos charmes, c'est qu'Astaroth n'a aucune prise sur lui.

A quelques jours de là, Olympe Mancini apporta des cheveux, des rognures d'ongles, des chemises, des bas, des cols et jusqu'à du sang de son ancien amant.

La Voisin prit sur sa table chargée d'appareils magiques, une petite figurine de cire. Cette image, d'un travail assez grossier, pouvait passer, en y mettant beaucoup de bonne volonté, pour la représentation du roi ; ce qu'elle avait de plus ressemblant, c'est qu'elle portait une couronne et un manteau.

— Voulez-vous toujours être aimée de votre royal amant ? demanda la devineresse.

— Oui, répondit la comtesse de Soissons, dût-il m'en coûter la vie, dussé-je même y perdre mon âme.

— C'est bien, dit la Voisin en prenant du bout des doigts quelques gouttes d'eau dans une aiguière et en les secouant sur la tête de la figurine, en même temps qu'elle prononçait quelques mots barbares.

La comtesse frissonna ; elle comprit qu'un sacrilège s'accomplissait.

— Que faites-vous ? demanda-t-elle.

— Je baptise cette petite statuette du nom de Louis.

— Mais dans quel but ?

— Pour établir la sympathie.

La Voisin traça sur une petite banderolle de papier rouge quelques caractères cabalistiques et la lettre A, initiale de l'Amour. Disons en passant que, si sa cliente eût désiré la mort ou la folie du roi, la Voisin eût écrit M ou F. Elle passa ensuite ces caractères dans une aiguille d'acier et, avec cette aiguille, elle piqua la statuette au cœur.

Chose étrange! à l'orifice de la blessure apparut une gouttelette de sang; puis le feu fut mis au papier, qui chauffa l'aiguille, dont la chaleur, à son tour, fit fondre la cire autour d'elle et sécha la gouttelette de sang.

— Ainsi, dit la Voisin, par la force de la sympathie, votre amour percera et brûlera le cœur de l'homme que vous aimez.

— Dieu ou plutôt le diable vous entende! murmura la comtesse qui sentit une sueur glacée perler à la racine de ses cheveux.

— Et maintenant, dit la devineresse, appuyez vos lèvres sur les lèvres de la statuette en disant : Louis, je t'aime!

Olympe obéit.

Malgré toutes les conjurations, malgré les poudres que la Voisin, accompagnée le plus souvent de nouveaux affiliés, les prêtres Latour et Guibourg, apportait à la comtesse de Soissons, en son hôtel, la froideur du roi n'en persistait pas moins ; l'ancienne favorite, la charmante La Vallière, était tombée sans que Louis XIV tentât la moindre démarche pour se rapprocher d'Olympe Mancini. La haine de cette sombre Italienne n'avait fait que changer d'objet : La Vallière disgraciée, elle avait tourné ses désirs de vengeance contre la nouvelle favorite, mademoiselle de Fontanges.

— Devant cet insuccès, dit-elle un jour à la Voisin, ne pouvant contenter mes appétits de baisers et d'ambition, il ne me reste plus qu'à assouvir ma vengeance. Votre art peut-il m'être utile en cette œuvre de haine ?

— N'en doutez pas, madame, répondit la Voisin. Si j'ai été impuissante à vous faire aimer, c'est que sans doute le cœur de Sa Majesté est protégé par quelque talisman.

— Mais par quel moyen allez-vous faire passer Louis de vie à trépas ?

— Nous renouvellerons la scène de l'envoûtement sur deux images de cire représentant, l'une le roi, l'autre mademoiselle de Fontanges et, cette fois, au lieu de la lettre A, nous mettrons sur chacune des banderolles la lettre M, je piquerai au cœur ces deux statuettes, je les déchirerai et les brûlerai jusqu'à ce que mort s'ensuive. Revenez dans quelques jours ; j'aurai fait mes préparatifs et j'aurai eu le temps de me rendre l'esprit favorable ; pour plus de sûreté nous aurons recours aux messes à rebours ; mais ce sont là des conjurations qui entraînent des dépenses énormes. Et puis le coup sera de grosse conséquence.....

— La récompense y sera proportionnée. Je vous promets dix mille pistoles et, si ce n'est assez, j'en donnerai d'autres quand je verrai porter à Saint-Denis l'orgueilleux souverain qui a foulé mon amour aux pieds. En attendant, voici des arrhes, acheva la comtesse en jetant sur la table une bourse gonflée de pièces d'or et en se levant pour se retirer.

A peine fut-elle partie que la Voisin courut au laboratoire de la pharmacie où elle était sûre de trouver ses associés. Elle leur raconta, en présence de sa belle-fille Voisin, son entretien avec la nièce de Mazarin et la promesse ainsi que le don de la bourse qui avait terminé l'entrevue.

— Ah ! mes enfants, acheva la Voisin en se frottant les mains, que c'est donc une belle chose qu'un dépit amoureux !

— Madame de Mancini, fit Lesage, a demandé à la magie les moyens de s'emparer du cœur du roi, épuisant contre lui et contre ses favorites l'arsenal mystérieux des conjurations et, quand son échec est complet, elle en appelle au poison et aux messes sacrilèges pour se venger ?

— Oui, répondit la Voisin. Et comme elle paie princièrement, il faut la servir royalement, afin de ne pas être en reste avec elle. Je suis donc venue pour m'entendre avec vous, car elle doit revenir dans quelques jours pour déchaîner l'enfer contre Louis.

— Pauvre roi ! s'écria Davot, s'il échappe à tous

ces maléfices, c'est que Dieu le prendra sous sa protection.

— Parler de Dieu ici ! fit Lesage, n'avez-vous donc
pas peur de faire partir ce laboratoire en fumée?...
Mais connaîtriez-vous d'autres complots contre la vie
du roi ?

— Depuis sa chute, Fouquet prépare sa revanche.
— Mais il est en prison.
— Qu'importe s'il a au dehors des amis à qui il
peut communiquer ses ordres ?
— Comme vous le savez, intervint la Voisin, j'ai
conservé avec le ministre tombé les meilleures relations. Il a créé à mon profit une rente viagère et je
fais du mieux que je peux pour la mériter.
— Ce qui signifie qu'il est resté votre client ?
— Oui, il figure même en tête du registre où j'ins-
cris les noms de mes clients, et la liste en est longue.
— De mon côté, fit Lesage, j'ai du nouveau à vous
apprendre. Grâce à mes relations avec Sainte-Croix
et Pennautier, je me suis lié avec quelques chefs de
la société de Jésus qui, eux aussi, veulent la mort du
roi.

— Gare à Sa Majesté ! s'écria Destinelli ; car ce
sont là de terribles ennemis, d'autant plus qu'ils ont
la richesse et qu'ils ne reculent devant aucun crime
pour arriver à leur but. Sincèrement je ne change-
rais pas ma position pour celle de roi de France et de
Navarre.

— Pour mener à bien toutes nos entreprises, reprit

la Voisin, nous aurons besoin de nombreux affiliés.

— J'ai là la liste des membres de l'association, fit
Lesage, elle s'élève actuellement à 322.

— Ce n'est pas trop, et encore faut-il qu'ils soient
sûrs.

— Ils le sont. D'autant plus que, en dehors de quelques chefs de groupe, la plupart ignorent l'œuvre
pour laquelle ils ont été embrigadés. Dans nos mains,
ce ne sont que des instruments.

— Résumons-nous, fit la Voisin, actuellement
nous avons, sans compter les affaires courantes, trois
grandes opérations qui, menées à bonne fin, nous
donneront à tous la fortune et à moi en surcroît la
satisfaction de ma vengeance, ma revanche contre
la noblesse. Ces trois opérations, tendant toutes trois
à la disparition du roi, sont : le complot des Jésuites
dont Lesage prendra la direction ; le dessein de Fouquet que feront aboutir Maillard et Pinon, et enfin
le projet de la comtesse de Soissons que je me réserve. Mais j'ai besoin d'un second ; il y aura des
messes à dire. Qui veut s'en charger ?

— Moi, Étienne Guibourg, répondit un prêtre nou-
vellement admis dans l'association.

— La besogne sera rude, je vous dois avertir.

— Elle ne sera pas au-dessus de mes forces.

— Bien. Attendez-vous donc à recevoir mes instructions. Il est entendu que chacun des chefs peut
s'adjoindre le nombre de collaborateurs dont il croira

devoir user, en s'assurant toutefois de leur discrétion absolue.

Les rôles ainsi distribués, chaque commandant se
retira pour aller dresser ses batteries.

Nous ne pouvons, on le comprendra, nous appe-
santir sur tous les clients secondaires de la Voisin,
dont la plupart étaient en même temps ses complices :
une dame Nicolas qui la vint consulter sur les moyens
de se défaire d'une dévote dont elle était jalouse, de
son confesseur qui la gênait, de son frère qui lui prenait une grosse part d'héritage ; — la sénéchale de
Rennes qui lui avait demandé un secret « pour être
bien aimée, pour avoir de l'argent, pour être bien en
cour » ; — la Dupin, comédienne, « amoureuse d'un
homme de pratique, qui eût bien voulu que son
mari fût mort », et était venue faire part à la Voisin
de son terrible désir ; — madame Broglio de Canilhac qui avait acheté de la devineresse « une bouteille d'eau sans couleur » ; son mari s'enivrait et il
y avait dans cette bouteille « de quoi empêcher son
mari de boire » ; — une La Bosse, veuve d'un marchand de chevaux, qui se mêlait de poison ; — une
Philiberte, qui lui avait demandé du poison pour un
certain chevalier de Hanyvel qui fut également accusé par La Bosse et par la Vigoureux, de leur avoir
demandé à parler au diable et de leur avoir acheté
du poison.

Détail curieux à noter en passant : la Voisin,
cette maîtresse fourbe, croyait pour elle-même aux

jongleries qui lui servaient à duper les autres. C'est ainsi qu'elle avait voulu avoir son horoscope tiré par Catherine Boulé, dite la Trianon.

Cette femme vivait du métier de devineresse et prétendait posséder la science magique, « selon le calendrier magique naturel ». Elle se mêlait de chiromancie et devinait, par les lignes principales de la main, les qualités, les défauts, la vie écoulée, les évènements à venir, qu'elle voyait directement, « dans la contemplation de Jéhovah, Dieu le père ». Elle savait également faire la carte magique ; elle était « curieuse de métaux », et avait trouvé par la seule réflexion, « la fixation du mercure ».

Cette intime amie de la Voisin demeurait avec la Dode et toutes deux « vivaient ensemble comme mari et femme » et étaient habiles à marier l'arsenic et le sublimé.

Le 21 septembre 1677, un sacristain, en balayant l'église des Jésuites de la rue Saint-Antoine, trouva dans le confessionnal, un billet de trois pages, sans signature, portant la date du jour précédent. Il le remit à un des pères. Le saint homme y lut de si étranges choses que les cheveux lui en dressèrent sur la tête. On y donnait avis, par exemple, que l'intention de quelques personnes était d'empoisonner le Roi, Mgr... (sic).

Le lieutenant de police, M. de La Reynie, se mit en quête ; ses premières poursuites furent dirigées con-

tre Vanens, plus particulièrement signalé comme
dangereux.

Vers la fin de 1677, il fut arrêté. Ses allures
d'abord rendirent la justice assez empêchée. On
ne savait où prendre les éléments nécessaires à
la reconstruction de sa vie passée. La police découvrit toutefois qu'il avait demeuré à Paris, rue des
Lavandières, chez une femme Laforêt ; au faubourg
Saint-Germain, chez une femme Chapelain : deux
femmes tenant des maisons suspectes.

La première donnée sérieuse que l'on eut sur les
antécédents, ce fut son affaire de Savoie. Interrogé,
Vanens fit des révélations. Un arrêt du Conseil du
13 janvier 1678 décida qu'il serait informé par M. de
La Reynie, à la requête du procureur du roi Robert,
sur les faits relatifs à cet homme et à ses complices.

Grâce à Bachimont arrêté à Lyon le 15 mai 1678,
en compagnie de sa femme et d'une jeune servante,
deux minois de comédie qui avaient tout l'air d'être
deux appeaux à galants, un nouveau jour éclaira
les mystérieuses menées de Vanens.

Quand on demanda à Bachimont s'il connaissait
Vanens, il répondit prudemment qu'il avait eu quelque habitude avec un gentilhomme d'Arles portant
ce nom. Il se décida pourtant à parler et à révéler
tout ce qu'il savait.

Ces révélations donnèrent lieu, le 20 juin, à un
autre arrêt et à une commission portant que les pro-
cédures commencées seraient continuées jusqu'à ju-

gement définitif *exclusivement* ; puis à un troisième arrêt du 30 novembre 1678, portant qu'il serait informé contre plusieurs complices de Vanens, entre autres Nail et La Grange.

Ici l'affaire se scinde. On cherche d'autres pistes sans doute ; on entrevoit, on ne voit pas encore. Nail et La Grange sont livrés à la justice du Parlement. L'instruction contre Bachimont et quelques autres se poursuit à Lyon. Vanens et certains de ses complices sont réservés.

Entre-temps la police fait main basse sur un grand nombre de devineresses, enfonce les portes de plusieurs maisons suspectes, jette un rayon de lumière dans l'ombre de quelques repaires. Elle en sort traînant après soi quelques coquines, parmi lesquelles La Bosse et la veuve Vigoureux.

Le 10 janvier 1679, un arrêt du conseil ordonna qu'il serait informé par M. de La Reynie contre La Bosse, contre la Vigoureux et leurs complices, et ce jusqu'à jugement définitif *exclusivement*.

Le Parlement, cependant, achevait le procès de Nail et de La Grange. Ils furent convaincus de poison et exécutés le 6 février 1679.

Mais, dans les aveux de ces misérables vendeurs de morts subites, figurait l'histoire d'un paquet portant pour suscription : *Au Roi*, paquet empoisonné qu'on avait eu dessein de remettre aux mains de Louis XIV. Ceci justifiait la dénonciation du billet des jésuites de la rue Saint-Antoine.

Il est déjà permis de soupçonner que le nom du roi, mêlé à une tentative d'empoisonnement, a fait reculer devant la continuation d'une procédure publique. Il ne faut pas qu'on puisse avoir l'idée que de pareils attentats soient possibles. Peut-être même a-t-on déjà entrevu les impies qui ont rêvé ce parricide. Le poison destiné au roi n'a pu être acheté que par un sujet perfide, assez rapproché du trône pour avoir intérêt à la mort de celui qui l'occupe.

Des misérables comme La Grange, Nail, La Bosse, Vigoureux, ne sont évidemment dans la préparation d'un pareil crime, que les instruments d'une pensée supérieure.

On commençait à parler vaguement d'un bureau de magie et d'incantation qui était en même temps une fabrique de poisons terribles, lorsqu'un jour du mois de février 1679, toute la rue Saint-Denis fut mise en rumeur par la mort foudroyante d'un riche marchand drapier. On crut généralement à un empoisonnement dont on accusait les deux neveux du défunt, ses seuls héritiers.

L'émotion gagna rapidement les autres quartiers de la capitale, où, depuis quelque temps, d'ailleurs, on constatait quotidiennement des trépas dus à une cause criminelle.

Grande était donc l'inquiétude, à Versailles comme à Paris.

Des ordres sévères furent donnés à la police. Les neveux soupçonnés furent arrêtés. Pressés de ques-

tions, ils finirent par avouer leur crime ; ils indiquè-
rent même l'officine où ils avaient acheté le poison.
Cette officine était l'hôtel de la rue Maubuée.

Il fallait s'emparer de ses criminels habitants.

A cette époque, Gaudin de Sainte-Croix, le profes-
seur ès poisons de la marquise de Brinvilliers, était
mort et la découverte à son domicile de la fameuse
cassette avait entraîné la perte de son élève et complice. Exili, le célèbre instituteur de Sainte-Croix,
avait repassé les Alpes et était allé mourir en Italie ;
l'apothicaire Glazer, fournisseur de poisons, n'exis-
tait plus ; La Chaussée, vil instrument de ces scélérats, avait payé sa dette en place de Grève, et Pennautier avait été déclaré innocent. Madame de
Brinvilliers connaissait la Voisin, et surtout Davot,
Lesage et Destinelli, qui, liés avec Sainte-Croix,
confectionnaient ensemble des poisons. Avant de
mourir, la marquise avait fait des révélations suffi-
santes pour donner des indices à M. de La Reynie.

Le lieutenant général de police n'avait vu dans
cette empoisonneuse qu'une criminelle créature em-
portée par la passion ; mais, derrière elle, le procès
de 1676 lui avait fait soupçonner tout un monde de
scélérats, une sorte d'association occulte, montant
sourdement à l'assaut des fortunes par les moyens
les plus infâmes.

Des morts étranges semblaient accuser des habitudes professionnelles, des laboratoires mystérieux
où se fabriquaient des poisons pour toutes les bourses.

Cette horrible industrie n'avait donc pas péri tout entière avec la Brinvilliers et Sainte-Croix. L'archevêque de Paris avait fait avertir le lieutenant de police que ses prêtres, depuis quelque temps, entendaient en confession nombre de gens qui s'accusaient d'avoir employé le poison.

Le lieutenant général de police mit en campagne tous ses limiers; mais la Voisin et ses complices, pouvaient rivaliser de ruses avec eux et, mis en garde par le supplice infamant de la Brinvilliers et par cette autre affaire de poisons instruite, en 1678, en parlement, contre des prévenus, leurs obscurs complices, dont deux furent exécutés sans bruit, comme nous l'avons vu, ils surent dépister toutes recherches. Ce ne fut qu'au bout de trois années environ que le lieutenant de police parvint à avoir des preuves de tous les méfaits commis dans la maison de la rue Maubuée.

Un chevalier de Malte, cadet d'une famille appartenant à la première noblesse du royaume, mais perdu de dettes et de débauches, avait de plus sur la conscience des actions telles que, s'il n'eût été qu'un simple bourgeois, elles l'eussent conduit aux galères, peut-être même en place de Grève. La police de Paris, lancée à ses trousses, apprit qu'il avait été recueilli chez La Voisin par une servante du nom de Rose, qui avait conçu pour lui une vive tendresse. M. de La Reynie sut attirer le chevalier de Malte hors de cet hôtel où il se tenait caché à l'insu de la

devineresse, puis le fit arrêter et conduire devant
lui. Une fois en sa présence, il lui offrit une amnistie
complète, une réhabilitation entière et même de l'or
s'il consentait à lui communiquer les révélations
qu'il obtiendrait facilement de Rose, sa maîtresse,
sur tout ce qu'elle savait depuis dix ans qu'elle était
au service de La Voisin. Le chevalier qui n'avait
guère en perspective que la prison, accepta avec
joie ces propositions et il ne tarda pas à faire au
lieutenant de police plusieurs rapports qui motivè-
rent l'arrestation de la devineresse et de ses complices.

La Voisin fut arrêtée le 12 mars 1679, à l'issue
de la messe qu'elle venait d'entendre à l'église Notre-
Dame de Bonne-Nouvelle. Elle fut conduite à la
Bastille, d'où, au bout de quelques mois, elle fut
transférée au donjon de Vincennes. On le voit, cette
misérable était traitée en criminelle d'Etat.

Ses petits complices, au nombre de plus de quarante, parmi lesquels de petits marchands, un save-
tier et plusieurs laquais, ne tardèrent pas à être
écroués également, soit à la Bastille, soit à Vincennes.

Parmi les captifs plus importants, on remarqua
la Vigoureux et son beau-frère, le prêtre Etienne
Guibourg, Davot, Destinelli, Cœuvrit dit Lesage et u
clerc de procureur.

Nous l'avons dit, depuis la fin si tragique d'Henriette d'Angleterre, on signalait chaque jour, à Ve

sailles ou à Paris, des morts qu'on ne nommait plus que *morts florentines* et si étrangement subites et multipliées que Louis XIV effrayé dut songer enfin à sévir contre les auteurs de ces attentats, surtout lorsqu'il eut eu connaissance de la découverte du billet faite chez les jésuites de la rue Saint-Antoine. Par lettres patentes du 7 avril 1679, il ordonna la création d'une chambre des poisons, à laquelle le peuple donna le sobriquet pittoresque et expressif de *chambre ardente*, chargée spécialement de rechercher les individus de tout sexe, de tout état et de toute caste, soupçonnés de composer des poisons, d'en acheter et d'en faire commerce, et en outre de continuer la procédure commencée contre La Bosse, la Vigoureux et autres.

L'établissement de cette juridiction exceptionnelle fournit au parlement, muet depuis longtemps, une occasion de se plaindre.

C'était, en effet, un empiètement sur ses attributions. Mais il lui fut répondu que, pour juger des crimes où, peut-être, allait se trouver compromis tout ce que la cour avait de plus élevé, il fallait un tribunal secret, comme ceux de Venise et de Madrid. Ce tribunal devait tenir ses séances à l'Arsenal, à deux pas de la Bastille.

Et qu'on ne croie pas que les prévenus sont tous d'obscurs personnages, non, le décret atteint les plus grands noms de la monarchie et frappe jusqu'au cœur même des alliances royales. Et encore ne va-ton pas jusqu'au bout. Le roi recule épouvanté à l'aspect de l'horrible besogne.

Chaque jour de nouvelles personnes disparaissent et leurs amis ne savent si leurs vœux doivent les accompagner à l'étranger ou dans des cachots secrets et impénétrables.

On suppose que La Reynie ayant communiqué à Sa Majesté les révélations qu'il tenait de l'amant de Rose, Louis XIV craignait de faire paraître au grand jour des noms illustres ou puissants accusés de pareils crimes. Le roi ordonna en conséquence de soustraire à la connaissance de cette chambre ardente les parties du rapport qui les compromettaient, et redoutant, malgré cette précaution, les révélations de la Voisin et de ses complices, il enjoignit des débats secrets et composa ce tribunal de juges sur la discrétion desquels il pouvait compter. Les juges de la chambre ardente gardaient, en effet, le plus profond secret sur leurs opérations; le souverain était impénétrable et tant de gens se croyaient compromis dans cette affaire que la terreur panique régnait dans Paris.

Sa Majesté nomma La Reynie président et voulut qu'après la sentence toutes les pièces de cette scandaleuse procédure fussent brûlées, afin qu'aucun des noms qu'il protégeait ne fût atteint de la moindre accusation et qu'on ne surprît pas ce secret que d'infâmes créatures avaient voulu attenter à la vie du souverain.

Les précautions de Louis XIV ont été vaines, tant il est vrai que les papiers brûlés se retrouvent toujours quelque part. La Révolution triomphante les retrouva en effet, — au moins en grande partie, — dans les archives de la Bastille.

Ces débris du procès furent déposés dans une bibliothèque publique. Disparus aujourd'hui, on croit que si l'on voulait les retrouver, c'est en Russie qu'il faudrait aller les chercher.

Heureusement, il existe un excellent sommaire du procès. C'est un manuscrit de 200 pages environ, qui a pour titre : *Chambre ardente*. Il est dû à la plume de M° Brunet, notaire, et il est conservé à la bibliothèque du Corps législatif. Ce registre s'ouvre par une liste alphabétique de 226 décrétés, dont 138 femmes.

Parmi ces noms brillent ceux de ces seigneurs, de ces grandes dames, de ces prêtres, prudemment soustraits à la juridiction de la chambre.

Les révélations les plus inattendues y sollicitent le regard et l'on y entrevoit de singuliers et sinistres jours sur l'histoire secrète de la cour de Louis XIV.

Toutefois il ne fallait pas, tout roi absolu que l'on était, avoir l'air de fouler aux pieds la justice; Louis consentit donc à ce qu'on suivît contre certaines personnes de la noblesse que le registre de la Voisin avait fait connaître et que l'opinion publique désignait surtout comme coupables ; mais il eut soin de les faire prévenir assez à temps pour qu'elles pussent se mettre à l'abri.

Le temps qui s'écoula entre l'arrestation des accusés et l'érection, à l'Arsenal, de la chambre des Poisons ou chambre ardente, appelée à juger cette horde d'empoisonneurs, fut employé à multiplier les enquêtes, à consulter les notes de police, à dresser les actes d'accusation. Les pièces de procédure de ce monstrueux procès, interrogatoires, confrontations, décrets d'ajournement, etc., etc., forment plus de douze volumes in-folio.

Il y a deux procès de la chambre ardente : l'un convenu, officiel : c'est celui que tout le monde connaît et dont nous allons achever de retracer les principales péripéties ; l'autre, le vrai, dont les singuliers mystères ont été à peine déchiffrés par la patience de quelques chercheurs et dont nous parlerons à la fin de cette dramatique histoire.

L'instruction et les débats de ce procès durèrent plus de six mois.

La Voisin, accusée d'avoir vendu aux gens de condition des poisons, des charmes et divers secrets magiques pour se faire aimer, comparut devant la chambre ardente avec une si imperturbable assurance, avec un esprit si dégagé des préoccupations d'un criminel vulgaire ; elle soutint les tortures de la question et les interrogatoires avec un courage si ferme, avec une ironie si amère, dégénérant parfois en cynisme, que les magistrats s'étaient bien vite convaincus que des liens mystérieux unissaient cette femme à de puissants protecteurs ou complices.

Elle déploya, dans ces longs et fatigants débats, une énergie virile. Son caractère absolu, sa volonté de fer, sa logique inflexible, son impassible intrépidité, même dans les tourments de la question, étonnèrent plus d'une fois les juges. Aussi cette créature, au milieu de ses obscurs complices, s'éleva-t-elle au niveau des plus hautes célébrités du crime.

Interrogée, elle ne nia pas les habitudes de sorcellerie qu'on lui reprochait ; au contraire, elle en tira vanité.

— J'ai appris, dit-elle, dès l'âge de neuf ans, la nécromancie et la physionomie. Les missionnaires me persécutèrent d'abord pour ces pratiques ; mais, ayant eu occasion de rendre compte de mon art à nos seigneurs les grands vicaires, pendant la vacance du siège de Paris, ainsi qu'à MM. les docteurs de Sorbonne, je n'ai plus depuis été inquiétée.

Durant les premiers interrogatoires, elle nia qu'elle se fût jamais servie de ses connaissances pour nuire. Elle avait seulement vendu des poudres d'amour, tiré des horoscopes, conseillé des remèdes, le tout honnêtement, en toute pureté de conscience.

Peu à peu, il fallut bien se départir de cette grande innocence. La Voisin avoua quelques pratiques moins bénignes. Elle avait vendu « des lavements pour donner le flux hépatique et la dyssenterie. » Elle avait facilité des suppositions d'enfants. Elle avait trafiqué de graine de pavots, de poudre de diamant.

Bientôt sortirent de ses aveux des noms de complices : la Philiberte, la Dode, la Trianon, Lesage, Mariette, Davot, et enfin elle déclara quelques-unes de ses clientes : une dame Nicolas, la sénéchale de Rennes, la Dupin, une dame Broglio de Canilhac.

D'après ces indications, la police mit la main sur les trois prêtres Giles Davot, Mariette et Lesage. Un nouveau coup de filet, jeté dans les bas-fonds parisiens, ramena la Boulé, veuve Trianon, et la Dode.

Nous allons maintenant relater d'une plume brève les révélations secrètes faites à la police et concernant les plus hauts personnages de cette époque.

Après les comparses obscurs, la Voisin s'était décidée à donner les noms des véritables auteurs du drame. Elle révéla des complices dans les premiers rangs de la société. Une terreur communicative gagnait, de proche en proche, tous les courtisans et chacun éprouvait l'horrible crainte de découvrir un empoisonneur dans sa famille. La devineresse citait à l'appui son registre, où les dates et les noms étaient inscrits, et elle réclamait hardiment la confrontation.

La nouvelle de la découverte de ce registre, tenu avec une grande régularité, se répandit dans Paris.

Dès lors beaucoup d'hommes et un plus grand nombre de femmes qui étaient allés chez la nécromancienne, commencèrent à trembler. Autant on s'était vanté autrefois, par amour de la mode, d'avoir fait visite à la sorcière, autant on s'en défendait en ce moment, par crainte de la prison.

Parmi les personnes compromises on citait la
princesse de Tinguy, belle-sœur du maréchal de
Luxembourg ; Marie de La Marck, femme du mestre
de camp de cavalerie du Fontet ; la marquise de Feuquières ; la marquise d'Alluye ; la maréchale de La
Ferté ; la comtesse du Roure ; madame de Polignac ;
la duchesse de Bouillon ; la comtesse de Soissons,
surintendante de la maison de la reine ; le comte de
Clermont, le marquis de Thermes et un soldat
illustre, héritier du grand nom de Montmorency, le
maréchal de Luxembourg.

— Il y a deux Mancines (ainsi l'on appelait les
nièces du cardinal Mazarin) mêlées à cette accusation, se disait-on, il faut alors que l'affaire soit
grave.

Louise de Luxembourg, princesse de Tinguy, religieuse relevée de ses vœux par dispense spéciale et
provisoire, était dame du palais de la reine. Les révélations lui imputaient d'avoir empoisonné des enfants dont elle était accouchée à l'insu de son mari.

— Bon Dieu ! s'écria madame de Montmorency en
apprenant cette accusation, je n'aurais jamais soup-
çonné cette femme de galanterie ; sa figure est, en
vérité, la garantie de sa réputation. Si j'étais homme
et que j'eusse une maîtresse de cette laideur, à coup
sûr, je ne l'eusse prise que pour ne pas craindre de
rivaux. Pour moi, je crois que le diable, qui lui a fait
tuer ses enfants, en était le père, et qu'elle s'en est
défaite pour sauver l'honneur de son amant.

Elle n'en fut pas moins exilée.

Quant à la maréchale de La Ferté, lorsque son mari apprit les informations dirigées contre elle, il dit au roi :

— Peut-être, sire, la duchesse est-elle tombée dans quelques-unes de ces fautes dont les maris sont presque toujours moins bien informés que les autres ; mais, quant à des empoisonnements, si ma femme en était capable, il y a plus de vingt ans que je n'existerais plus.

La remarque était convaincante, aussi la maréchale de La Ferté en fut-elle quitte pour quelques semaines d'exil.

La comtesse du Roure et madame de Polignac, animées d'une haine commune contre mademoiselle de La Vallière, avaient voulu l'empoisonner pour obtenir ensuite l'amour du roi. Elles avaient dans ce double but consulté la devineresse de la rue Maubuée. Toutes deux furent condamnées à l'exil en Languedoc ; mais madame de Polignac avait pris la fuite, imitant en cela la comtesse de Soissons.

Le roi avisa cette dernière du danger qui la menaçait. Pouvait-il faire moins pour une femme qui avait un moment régné sur son cœur et qui, peut-être, n'était devenue criminelle que par désespoir de l'avoir perdu ?

Le roi croyait à la culpabilité de son ancienne maîtresse, témoin cette parole adressée quelque ours après sa fuite à la mère de la comtesse, la princesse de Carignan :

— J'ai bien voulu que madame la comtesse se sauvât. Peut-être en rendrai-je compte un jour à Dieu et à mon peuple.

Olympe était accusée d'avoir empoisonné son mari et de s'être servie de philtres pour ranimer en sa faveur l'amour éteint de Louis XIV.

— Si vous êtes innocente, lui dit Sa Majesté, rendez-vous à la Bastille ; si vous êtes coupable, profitez de mon avis pour quitter la France.

— Sire, répondit la comtesse, je suis innocente, mais je ne puis souffrir la prison et instinctivement j'ai une telle horreur de la justice que j'aime mieux encore m'expatrier que de comparaître devant elle.

Madame de Sévigné raconte la dernière soirée d'Olympe à l'hôtel de Soissons :

« ... Elle ne balança point ; elle fit sortir du jeu la marquise d'Alluye ; elles ne reparurent plus. L'heure du souper vint ; on dit que madame la comtesse soupait en ville ; tout le monde s'en alla, persuadé de quelque chose d'extraordinaire. Cependant on fit beaucoup de paquets ; on prit de l'argent, des pierreries ; on fit prendre des justaucorps gris aux laquais et aux cochers ; on fit mettre huit chevaux au carrosse. Elle fit placer auprès d'elle la marquise d'Alluye, qui ne voulait pas partir, dit-on, et deux femmes de chambre sur le devant. Elle dit à ses gens qu'ils ne se missent point en peine d'elle, qu'elle

était innocente, mais que ces coquines de femme
avaient pris plaisir à la nommer. Elle pleura, elle
passa chez madame de Carignan, et sortit de Paris à
trois heures du matin. »

Elle prit la route de Bruxelles. N'était-ce pas l
s'avouer coupable ?

Elle fit bien de se hâter, car ordre était donné de
la conduire à la Bastille. Elle expliquait son départ
précipité en disant que ses ennemis étaient assez
puissants pour la perdre : elle avait refusé la main
de sa fille au fils de Louvois, et le ministre l'accusait
d'avoir fait disparaître des domestiques qui gênaient
ses sinistres projets.

—Puisqu'il a, dit-elle, donné un décret contre une
personne comme moi, il achèvera le crime et me fera
mourir sur un échafaud, ou du moins me retiendra
toujours en prison : j'aime mieux la clef des champs

La vérité, c'est qu'elle n'osa affronter les périls de
l'interrogatoire.

Poursuivie par des soupçons d'empoisonnement,
emportant au front une flétrissure qui jamais ne
s'effaça, la comtesse de Soissons vit se fermer devant
elle les portes d'Anvers et de Namur, et, quand
après huit ans d'une vie errante, elle eut trouvé asile
à la cour d'Espagne, la jeune reine, qui faisait le
charme de cette cour, s'éteignit subitement à la suite
d'une maladie inconnue et suspecte.

N'est-il pas étonnant que partout où apparaît cette
noble dame il y a des morts imprévues inexplicables

Quant à sa sœur, Marie-Anne Mancini, qui avait épousé le neveu de Turenne, Godefroy-Maurice de La Tour, duc de Bouillon, grand chambellan du roi, elle avait attendu de pied ferme l'interrogatoire. Les mémoires du temps la représentent comme curieuse de nouveautés, s'entourant volontiers de savants, d'artistes, de poëtes, se prenant de passion pour le remède à la mode, le quinquina, jusqu'à commander à son poëte favori un chant à la louange de l'écorce salutaire.

Comme ses sœurs, elle avait plus de grâces séduisantes que de vertus et, dans son domaine de Château-Thierry, elle se faisait lire par son fablier, — car il paraît que ce fut elle, et non madame de La Sablière, qui donna à La Fontaine ce charmant surnom — quelqu'un de ces contes érotiques qu'il empruntait, pour les enrichir de ses fines perles françaises, à l'amoureuse Italie.

La duchesse de Bourbon était accusée d'avoir commandé à Lesage des pratiques sacrilèges, dont le but était la mort de son mari ; le prêtre avait passé au feu un billet dans lequel le vœu impie était écrit de la main de la duchesse.

« Son mari était malade en Champagne, raconte l'abbé de Choisy. Elle était un soir incertaine si elle partirait ou non pour l'aller trouver, lorsqu'un vieux gentilhomme de sa maison lui offrit tout bas de lui faire dire par un esprit si M. le comte mourrait ou non de cette maladie. Madame de Bouillon était présente avec M. de Vendôme et le duc, à présent maréchal de Villeroy. Le gentilhomme fit entrer dans le cabinet une petite fille de cinq ans, et lui mit à la main un verre plein d'une eau fort claire ; il fit ensuite ses conjurations. La petite fille dit que l'eau devenait trouble ; le gentilhomme dit tout bas à la compagnie qu'il allait commander à l'esprit de faire paraître dans le verre un cheval blanc en cas que M. le comte dût mourir, et un tigre en cas qu'il dût en échapper. Il demanda aussitôt à la petite fille si elle ne voyait rien dans le verre. — « Ah ! s'écria-t-elle, le beau petit cheval blanc ! » Il fit cinq fois de suite la même épreuve, et toujours la petite fille annonça la mort par des marques toutes différentes, que M. de Vendôme ou madame de Bouillon avaient nommées tout bas au gentilhomme sans que la petite fille pût les entendre. »

Dans son interrogatoire, en date du 29 janvier 1680, la duchesse avoua que la Voisin s'était présentée à son hôtel pour lui offrir ses services, lui vantant le savoir-faire de Lesage, son acolyte.

La Voisin prétendit, au contraire, que c'était la duchesse qui, d'elle-même, était venue la trouver et avait fait les premières démarches.

Quoi qu'il en soit, madame de Bouillon se rendit chez Lesage, en carrosse à six chevaux, ce qui, il faut le reconnaître, n'était pas l'indice de projets criminels, amis de l'ombre et du mystère ; elle était accompagnée du duc de Vendôme et de l'abbé de

Beaulieu. Après une conjuration assez ridicule, et qui ne réussit point, pour savoir si le duc de Beaufort était réellement mort et où était à ce moment le duc de Nevers, on en vint à des choses plus sérieuses.

« Interrogée s'il n'est pas vrai qu'elle écrivit un billet, qu'elle mit entre les mains dudit Lesage, et qui fut cacheté pour être brûlé, dans lequel elle demandait la mort de M. de Bouillon, son mari, — a dit que non, et que la chose est si étrange qu'elle se détruit d'elle-même. »

Le fait cependant parut avéré ; mais veut-on savoir comment l'apprécièrent les grandes dames du temps, je parle des plus honnêtes et des plus distinguées ? Ecoutons madame de Sévigné :

« La duchesse de Bouillon alla demander à la Voisin un peu de poison pour faire mourir un vieux et ennuyeux mari qu'elle avoit, et une invention pour épouser un jeune homme qu'elle aimoit. Ce jeune homme étoit M. de Vendôme, qui la menoit par la main et M. de Bouillon (son mari), de l'autre; et de rire. Quand une Mancine ne fait qu'une folie comme celle-là, c'est donné ; et ces sorcières vous rendent cela sérieusement et font horreur à toute l'Europe d'une bagatelle. »

C'est sur ce ton d'aimable plaisanterie que la duchesse prit l'accusation, quand elle se rendit devant les juges, accompagnée de nombreux amis.

— Pourquoi, lui dit le président, vouliez-vous vous défaire de votre mari ?

— Moi, m'en défaire ! Vous n'avez qu'à lui demander s'il en est persuadé ; il m'a donné la main jusqu'à cette porte.

— Mais pourquoi alliez-vous si souvent chez cette Voisin ?

— C'est que je voulais voir les sibylles qu'elle m'avait promises ; cette compagnie méritait bien qu'on fît tous les pas.

Cet aveu prouvait du moins que la Voisin avait dit vrai sur un point, et que c'était bien la duchesse qui se rendait chez la sorcière, et non la sorcière chez la duchesse.

Interrogée sur ses rapports avec la Voisin, elle se borna à faire des plaisanteries.

— Madame la duchesse, lui demanda La Reynie, avez-vous vu le diable ? Si vous l'avez vu, dites-moi quelle forme il avait.

— Non, monsieur, répondit madame de Bouillon, je ne l'ai pas vu chez la Voisin ; mais je le vois en ce moment : il est laid, vieux, il est déguisé en conseiller d'Etat et il est si maussade que je me garderai bien de revenir le voir.

Mais laissons encore la parole à madame de Sévigné, racontant l'interrogatoire à sa façon :

« — N'avez-vous point fait remettre à cette femme un sac d'argent ?

Elle dit que non, *par plus d'une raison, et tout* cela d'un air fort gai et fort dédaigneux.

— Eh bien, messieurs, est-ce là tout ce que vous avez à me dire ?

— Oui, madame.

Elle se lève, et en sortant elle dit tout haut :

— Vraiment, je n'aurais jamais cru que des hommes sages pussent demander tant de sottises. Aussi suis-je décidée à faire imprimer mon interrogatoire pour en amuser l'étranger.

Elle fut reçue de ses parents, amis et amies, avec adoration, tant elle était jolie, naïve, naturelle, hardie, et d'un bon air, et d'un esprit tranquille. »

Le *Mercure hollandais* raconte cet interrogatoire à sa façon :

« Le 20 janvier, la duchesse de Bouillon vint à l'Arsenal, accompagnée d'un cortège de plus de vingt carrosses, tant de la maison de Bouillon, que de celle d'Elbeuf et de leurs alliés. La duchesse, entrée, déclara qu'elle n'était pas sujette à leur tribunal, et qu'étant femme de duc et pair de France, elle ne pouvait être citée en justice que pardevant le Parlement assemblé avec cinq chambres ; mais que si elle était venue là, ce n'était que pour la satisfaction de Sa Majesté. Sa protestation fut enregistrée, et elle interrogée sur certaines affaires qui n'eurent point de suite, pour s'en être démêlée dûment. Entre autres choses on lui aurait demandé : « Si elle n'aurait pas été chez la Voisin, dans l'intention d'empoisonner son mari, le duc de Bouillon ? » Sur quoi elle répondit : « Que véritablement elle y avait été,

mais non pas dans ce dessein, et que le chevalier de
Vendôme lui avait dit qu'il y avait un nommé Lesage,
logé chez la Voisin, qui se donnait pour un devin;
sur quoi son mari et elle, le chevalier de Vendôme et
M. de Buvigny étaient allés trouver Lesage par forme
de divertissement, et lui avaient demandé ces trois
choses : premièrement, si le duc de Beaufort (dont on
parlait alors en France comme s'il vivait encore) était
mort? Ce que le duc de Nevers, son frère, faisait alors
à Rome? Et quel était le secret de gagner au jeu de
hoc? Que Lesage, lui ayant fait coucher en écrit ces
trois questions, lui avait dit que le lendemain il lui
donnerait la réponse, comme il avait fait en effet,
disant que ses sibylles étaient restées derrière. » La
Chambre, n'ayant pas de prise sur tout cela, laissa
aller la duchesse. »

Il n'y eut pas d'autre interrogatoire : l'opinion
publique acquitta la prévenue.

Louis XIV se montra moins accommodant que les
magistrats et le public : il exila madame de Bouillon
à Nérac. Croyait-il à de criminelles manœuvres, lesquelles, dans tous les cas, seraient restées à l'état
d'intention, ou bien voulait-il simplement punir la
duchesse de ses irrévérences envers la justice?

Quant à François-Henri de Montmorency-Boute-
ville, duc, pair et maréchal de France, lequel unis-
sait le nom de Montmorency au nom de la maison
impériale de Luxembourg, il était prévenu d'assassinat et d'empoisonnement sur une fille nommée Du-

Dupin, et sur son frère, qui, disait-on, avaient retenu des papiers dont le recouvrement importait au maréchal. L'accusation portait que ce haut et puissant seigneur s'était adressé à Lesage pour obtenir par son entremise l'assistance du diable contre la Dupin ; mais que Satan ayant tardé à se mêler de cette affaire, les complices de M. de Luxembourg avaient assassiné cette fille et empoisonné le frère.

Pour essayer de se sauver à l'abri du maréchal, voilà ce dont l'accusait Lesage ; il prétendait, en outre, que le maréchal avait eu recours à son ministère pour conclure un pacte avec Satan dans le but de faire marier mademoiselle de Luxembourg avec le fils du marquis de Louvois.

Fort de son innocence, avant même que l'arrêt de prise de corps fût décerné contre lui, il alla de lui-même se constituer prisonnier à la Bastille et réclama des juges.

M. de Louvois dont la haine était peut-être la cause principale de l'accusation, le fit enfermer dans un cachot long de six pas, où il resta trois semaines sans être interrogé.

Aux questions des juges il se contenta de répondre par un haussement d'épaules, laissant au bon sens des magistrats de décider si un maréchal de France pouvait avoir eu le moindre intérêt à se défaire d'un petit bourgeois et de sa sœur.

— Je défie, ajouta-t-il, qui que ce soit de produire la moindre preuve de ces crimes, non plus que les papiers qui en auraient été le motif. Quant à la fable du mariage de ma fille avec le fils de M. de Louvois, si j'avais pu mesurer assez mal la portée de mes alliances pour désirer celle-ci, je n'aurais pas eu, dans le temps où nous vivons, recours aux sorciers pour faire réussir mes projets. Quand Mathieu de Montmorency, mon aïeul, épousa la veuve de Louis le Gros, il ne s'adressa point au diable, mais aux Etats généraux, qui déclarèrent que ce mariage était nécessaire pour donner au trône l'appui d'un Montmorency.

Il paraît cependant que M. de Luxembourg eut la fantaisie de voir le diable et que pour cela il eut recours à la Voisin. Il voulait adresser une réclamation à Satan : il désirait que, par sa puissance, il fît remonter sa nomination de duc de Piney au jour de la première érection du domaine de Piney en duché-pairie, c'est-à-dire à l'année 1576.

La Voisin, que rien n'embarrassait, lui fit voir, sous la figure du diable, le prêtre Davot, que le maréchal faillit à tuer d'un coup d'épée, riant de tout son cœur quand le misérable se jeta à ses pieds et demanda grâce.

Les rapports secrets de la police contestent cette assertion et affirment que le maréchal a voulu voir le diable et qu'il en a eu peur.

Le maréchal avait un air sauvage et dur, une taille tellement contrefaite et un corps si mal tourné que madame de Grignon lui dit un jour :

— Monsieur le duc, si vous perdiez à l'armée un bras ou une jambe, on ne s'en apercevrait pas.

M. de Luxembourg aimait beaucoup les femmes, bien que la nature n'eût jamais créé un être moins propre à les captiver ; il éprouva une violente passion pour une fille de basse extraction.

Un galant aussi mal bâti ne pouvait guère compter que sur son argent pour triompher des belles ; mais l'intérêt n'est pas un mobile universel : on trouve dans les derniers rangs de la société des fillettes qui ne donneraient pas leur innocence au prix de tous les trésors d'un grand seigneur, et qui vont la porter gratis dans le grenier d'un jeune clerc.

La Dupin résista aux offres brillantes que lui fit faire M. de Luxembourg par Albergotti, son pourvoyeur. De tout temps, les obstacles irritèrent l'amour ; devant ce refus, notre galant eut recours à la Voisin, dont le savoir-faire était proclamé dans tous les salons. Soit par persuasion, soit par diablerie, soit par un philtre amoureux, la Voisin livra mademoiselle Dupin, résignée et soumise, aux embrassements de M. de Luxembourg.

Quant à Lesage, le maréchal ne lui demanda qu'un horoscope, en se moquant lui-même de sa demande.

Dans une lettre célèbre, M. de Luxembourg prétend avoir été victime d'une intrigue misérable, ourdie par Louvois. Un sien intendant, nommé Bonnard, se serait adressé à un imposteur, agent ordinaire des devineresses, le prêtre Lesage, pour découvrir certains papiers nécessaires pour le gain d'un procès poursuivi par son maître.

Il s'agissait de gens de mauvaise foi, acheteurs d'une partie de ses bois de la forêt de Ligny. Lesage, selon l'habitude de ces dangereux charlatans, aurait cherché à faire un perfide usage d'une signature du duc, imprudemment confiée par Bonnard.

Il aurait transformé audacieusement un insignifiant papier en un pacte avec le diable, et aurait accusé le duc d'avoir recherché par magie la mort de sa propre femme, du maréchal de Créqui et de plusieurs autres personnes, l'obtention du gouvernement d'une place ou d'une province, l'accomplissement du mariage de son fils avec une fille de M. de Louvois.

« Sûr de mon innocence, ajoute le maréchal de Luxembourg, je refusai d'accéder au perfide conseil qui me fut donné, d'assurer ma vie par une prompte fuite. »

L'histoire a adopté cette justification.

Le maréchal fut jugé et acquitté par arrêt de la Chambre ardente du 14 mai 1680. Exilé le 18, mais à vingt lieues de Paris seulement, il fut rappelé à la cour en juin 1681.

Madelaine d'Angennes, femme de messire Henry de Senneterre, duc de La Ferté, âgée de quarante ans, n'était pas bien sérieusement compromise.

— Assurément elle doit être innocente, avait dit d'elle le marquis de Bièvre, redouté pour ses bons mots, qui n'étaient la plupart du temps que des épigrammes; car je suis vivant, et elle ne hait que moi dans le monde. Je présume que sa haine vient de ce qu'un jour je l'assurai de mon profond respect, et qu'un peu auparavant j'avais déclaré ne respecter que les femmes laides, imbéciles ou galantes.

Le roi avait beaucoup ri du propos du marquis de Bièvre.

La duchesse de La Ferté convint d'avoir été, avec madame d'Alluye et madame la comtesse de Soissons chez la Voisin; mais elle déclara ne pas savoir ce que la comtesse et la Voisin avaient dit ou fait ensemble.

Elle fut renvoyée de l'accusation.

A ces noms des personnages les plus importants du royaume, signalés tout à coup à la justice comme prévenus des crimes les plus atroces, s'en ajoutèrent bientôt d'autres de bonnes familles parlementaires, Marguerite Gallard, veuve du président Le Féron; Catherine-Françoise Saintot, femme de M. de Dreux, maître des requêtes.

La première, accusée d'avoir acheté pour cent pistoles de poudre de diamant, à l'intention de son mari, fut confrontée avec la Voisin, le 28 février, et bannie pour neuf ans.

La seconde, inculpée d'avoir offert à la Voisin six mille livres et une croix de diamants, comme prix de la mort de son mari et de celle d'une rivale, fut également bannie du royaume.

De là un effarement général, où il se produisit des scènes du plus haut comique.

« La pauvre petite madame Talon, dit madame Dunoyer, dans ses *Lettres historiques et galantes*, eut une terrible alarme, lorsque son époux vint lui dire qu'elle était sur la liste. Quoiqu'elle n'eût point été chez la Voisin dans des intentions criminelles, elle ne laissa pas d'avoir peur à son quartier, et il arriva une aventure qui pensa la faire mourir ; car, dans le temps qu'elle était si fort effrayée de cette nouvelle, on vint lui dire qu'il y avait en bas un homme qui demandait à lui parler.

— Allez savoir son nom, s'écria-t-elle toute tremblante.

Mais, ciel ! quelle fut sa surprise, quand cet homme répondit qu'on n'avait qu'à dire à madame que c'était Desgrais. Vous savez sans doute que Desgrais était un exempt de la maréchaussée, fameux par les captures qu'il faisait tous les jours, et la terreur des pauvres huguenots aussi bien que des autres criminels. Ce fut alors que madame Talon se crut tout de bon perdue. Elle barricada toutes les avenues de son appartement et courut tout éplorée au cabinet de son mari :

— Sauvez-moi la vie, lui dit-elle en se jetant à ses pieds ; il est vrai que j'ai été une seule fois chez la Voisin ; mais ce n'était que pour la prier de me faire venir de la gorge, je ne lui ai jamais demandé autre chose.

Le procureur général, content de sa confession, lui dit qu'elle n'avait rien à craindre, et comme elle assurait toujours que Desgrais était en bas pour la prendre, et qu'elle cherchait à se jeter par les fenêtres, il crut que la peur lui avait fait perdre l'esprit. On fut voir ce que c'était que ce Desgrais, et il se trouva qu'au lieu d'être celui qu'elle craignait, c'était un tapissier de même nom qu'elle avait envoyé chercher quelques jours auparavant, et auquel sa prévention ne lui avait pas permis de penser. On rit beaucoup de ce quiproquo, et il y a dans la comédie de *Madame Jobin ou la Devineresse*, une scène où l'on fait allusion à cette aventure, et où l'on donne une idée de la manière dont la Voisin dupait le public avec ses prétendues intelligences diaboliques. »

Madame Talon n'était pas la seule qui eût fait à la Voisin cette demande de gorge, ce dont le public fit des gorges-chaudes.

La duchesse de Foix avait été arrêtée sur la découverte d'un simple billet d'elle trouvé dans les papiers de la devineresse et dont le sens était plus obscur que propre à baser une accusation. « J'ai beau frotter, lisait ce billet, rien ne paraît. »

Louis XIV, ne voulant pas que sur un indice aussi léger, une dame de cette distinction fût emprisonnée, raconte Touchard-Lafosse, se réserva de l'interroger lui-même dans ses cabinets, où elle fut conduite avec son propre carrosse, par le capitaine des gardes en quartier.

9.

— Reconnaissez-vous ce billet, madame la duchesse? lui demanda Sa Majesté d'un ton sévère.

— Sire, il est de ma main ; je ne puis ni ne veux le nier.

— A merveille ! Maintenant dites-moi, je vous prie, avec la même franchise, ce que signifient ces mots : *Plus je frotte, moins ils poussent !*

— Ah ! sire, s'écria la duchesse en se jetant aux pieds du roi, daignez m'épargner un tel aveu.

— Je ne le puis, madame, songez que je vous appelle devant moi pour vous sauver un affront public; ce motif me donne tous les droits à votre confiance, et, dans l'intérêt de votre honneur, je vous ordonne de parler.

— J'obéirai, sire ! reprit en tremblant madame de Foix, rouge jusqu'aux yeux. Depuis deux ou trois ans, je m'aperçois que mon mari me néglige après m'avoir souvent reproché un défaut... Non, jamais je n'oserai achever...

— Continuez, duchesse...

— Il est des charmes, reprit l'accusée, dont la nature se montre prodigue envers des femmes, avare envers d'autres...

— Poursuivez, je vous prie.

— Eh bien ! sire, mon mari n'aime que les dames auxquelles la nature a prodigué...

— Prodigué quoi?

— Ce qui excède les belles proportions dans ma

dame de Montespan et manque à madame de La Vallière... comme à moi, sire...

— Ah! m'y voici, s'écria Louis XIV en s'excu-
sant d'un défaut trop prolongé de pénétration... Et
je vois, poursuivit le monarque interrogateur, que
vous aviez demandé à la Voisin...

— Une pommade dont elle disait des merveilles,
ajouta madame de Foix en baissant les yeux.

— Cependant plus vous frottiez, moins ils pous-
saient.

— Hélas! oui.

— C'était un malheur; mais ce n'était pas un crime,
et je suis enchanté, duchesse, de vous avoir épargné
la honte d'un tel aveu devant la Chambre ardente. Je
vous rends le malheureux billet qui vous causa deux
heures d'inquiétude; retournez tranquillement à
votre hôtel. Je ne vois de coupable ici que l'époux
qui délaisse une femme aussi jolie que vous; je veux
en toucher quelques mots au duc. Il est un moyen
plus heureux que celui dont vous avez fait l'essai,
pour obtenir de la nature elle-même ce que vous re-
cherchiez par artifice; nous en causerons avec votre
mari, et j'espère qu'il emploiera ce moyen.

Les époux Broglio de Canilhac échappèrent au
châtiment par la fuite.

De plus puissants les avaient imités. La marquise
d'Alluye et la comtesse de Soissons n'avaient pas
répondu au décret de prise de corps et on les avait,
en vain, trompettées à briefs jours. Un arrêt du 19

février porta que le récolement de la Voisin vaudrait confrontation contre elles.

Louis Guilhem de Castelnau de Clermont-Lodève, marquis de Saissac, avait également disparu dès le premier jour. Lesage l'accusait d'avoir demandé « un secret pour gagner secrètement au jeu du roi ». Et, comme Lesage déclinait son pouvoir en pareille matière, le marquis aurait demandé, tout au moins, un moyen pour gagner le public et le roi d'Angleterre.

De plus, M. de Clermont-Lodève avait fait travailler chez Lesage à la fabrication d'essences dangereuses, et demandé les moyens de se défaire du comte de Clermont, son frère, et d'entretenir sa belle-sœur dans des dispositions favorables à son amour.

Ce prince escroc, empoisonneur et incestueux, resta dix ans hors de France. A son retour, il fut envoyé à la Bastille et n'en sortit qu'au bout d'un an, déchargé légalement, mais moralement convaincu de ses crimes.

Quant au marquis de Thermes, il ne fut déchargé qu'en 1681.

Une chose à remarquer, c'est qu'au milieu de cet effroi général, au moment où l'on faisait chaque jour le récit d'un nouveau crime commis par la Voisin ou ses complices, on fit représenter, le 19 novembre 1679, une comédie en cinq actes et en prose, de Visé et Thomas Corneille, intitulée : *Madame Jobin ou la Devineresse*. C'était une allusion continuelle à la Voisin.

Cette pièce, qui est venue jusqu'à nous, est pleine d'esprit et de saillies. L'actrice qui jouait le rôle de madame Jobin, avait copié les traits et le costume de la Voisin de manière à être reconnue de tous ceux qui l'avaient visitée. La foule se porta à ces représentations.

Il est peu d'exemples de succès pareils au théâtre.

A une époque où la grande vogue des pièces n'allait pas au-delà de vingt représentations de suite, celle-ci en obtint quarante-sept, et l'envie de la voir était telle, qu'on la représenta deux fois par jour dans les dix-huit premiers. Ainsi, ce qui était, le matin, un objet de crainte et de terreur, devenait, le soir, un objet de gaieté et d'amusement.

Le procès de la Voisin s'instruisit donc dans le plus grand secret, et La Reynie en dirigea les débats, seul instruit avec le roi de toute la vérité ; car, à mesure que des révélations de la Voisin ou de ses complices venait entacher une personne protégée en haut lieu, on détournait l'accusation d'empoisonnement en accusation de magie, et l'on acquittait ou même on cessait toute poursuite en prenant en pitié la faiblesse et la superstition de l'accusé. C'est à cela que fait allusion le passage suivant d'une lettre de madame de Sévigné :

« Il est un homme qui n'est point nommé, qui dit à M. de La Reynie :

« — Mais, monsieur, à ce que je vois, nous ne travaillons ici que sur des sorcelleries et des diableries

dont le parlement de Paris ne reçoit point les accu-
sations. Notre commission est pour les poisons, d'où
vient que nous écoutons autre chose ?

« La Reynie fut surpris et lui dit :

« — Monsieur, j'ai des ordres secrets.

« — Monsieur, dit l'autre, faites-nous-en une loi,
et nous obéirons comme vous ; mais, n'ayant pas vos
lumières, je crois parler selon la justice et la raison,
et dire ce que je dois.

« Je pense que vous ne blâmez pas la droiture de
cet homme, qui pourtant ne veut pas être connu. Il
y a tant d'honnêtes gens dans cette Chambre ardente, que vous aurez peine à le deviner. »

Il est fâcheux que madame de Sévigné, — au
lieu de céder au plaisir d'écrire une épigramme, —
n'ait pas consigné dans sa lettre le nom du magistrat qui fut peut-être le seul de cette Chambre qui
sût mettre de la conscience dans ses fonctions.

Le 28 avril 1679, on confronta La Bosse avec la
Vigoureux. Ce qu'on avait espéré se réalisa : une
fois prises, ces misérables se chargèrent mutuelle-
ment.

La Bosse accusa la Vigoureux d'avoir fait tirer un
horoscope à la lieutenante Le Camus, « qui ne vivait
pas bien avec son mari ».

Il y avait eu, dans les consultations de la Vigoureux à ce sujet, un vilain mot de prononcé, celui de
poison. La Vigoureux prétendit qu'elle n'avait voulu
parler que de *mort subite*. Elle fit connaître un autre

rime : aidée de Le Boux, une amie de La Grange et de Mariette, elle avait fourni à une cordonnière, nommée Durand, du poison qu'elle avait fait prendre à son mari.

La Bosse accusa la Voisin de s'être défaite de son mari en lui faisant avaler une pincée de poudre de diamant.

La Vigoureux et La Bosse désignèrent encore à la justice la fille d'Antoine Monvoisin ; une Chéron, sorcière, empoisonneuse attitrée de dames de qualité ; une Jacob, devineresse ; une Piquet, chercheuse de trésors ; une fille Le Père, complice ordinaire de la Voisin.

Mariette, tombé gravement malade en prison, mourut avant le jugement, mais non toutefois avant d'avoir avoué ses accointances criminelles avec la Voisin et avec la veuve d'un magistrat, madame Le Féron, dont le mari avait été président de la deuxième chambre des enquêtes.

Madame Brissart, femme d'un conseiller au parlement, dont le passé était assez louche, le bruit ayant couru qu'elle avait fait empoisonner sa sœur, en 1675, était accusée par les devineresses d'avoir envoyé la gouvernante de ses enfants, Marguerite Menot, faire chez la Voisin un mariage sacrilège *par représentation*, dont les paroles sacramentelles avaient été dites par Davot.

Madame Brissart avoua qu'elle avait consulté la Voisin et le prêtre Lesage ; mais qu'il n'avait été question entre eux que de folies et d'amourettes.

— Aussitôt qu'on m'a parlé de figures de cire et d'enchantements, dit-elle, je n'ai plus rien voulu entendre. J'ai alors compris combien j'avais été imprudente, Lesage m'ayant tiré un billet qu'il n'a pas voulu me rendre.

Il fut prouvé qu'elle avait donné vingt écus et une voie de bois à Lesage; c'était payer cher des folies et des amourettes. Aussi les juges, mal convaincus, condamnèrent madame Brissart à s'absenter de la prévôté de Paris, et Marguerite Menot fut bannie pour trois ans.

On attendait beaucoup de l'interrogatoire de la Trianon. Son nom était mêlé, dans certaines révélations, à une histoire de placet empoisonné, destiné à être remis au roi. De plus, on avait fait à son domicile des découvertes qui avaient alléché la curiosité.

On avait trouvé un squelette, des fioles étiquetées, des planches d'argent gravées, représentant des figures planétaires, des chandelles noires faites de poix, un miroir magique, une baguette dite *verge d'Aaron*, des figures de plomb, de celles qu'on employait pour les charmes dits *réussites de mariage*, un doigt de main desséché, des fragments d'hostie, un alambic, des fourneaux, enfin tout le mobilier d'une devineresse.

Il y avait là aussi un de ces chaudrons de cuivre blanc, dans lesquels on faisait apparaître l'image des objets perdus ou dérobés, ainsi que la figure des voleurs.

Interrogée le 21 mai 1679, la veuve Trianon avoua non-seulement qu'elle savait la science magique et la chiromancie, qu'elle vivait du métier de devineresse, mais encore qu'elle était l'amie intime de la Voisin ; qu'elle demeurait avec la Dode et que toutes deux vivaient comme mari et femme.

On la pressa vivement sur l'affaire du placet ; rien ne put lui faire avouer qu'elle en eût connaissance.

Enfin, on l'interrogea sur les visites qu'auraient pu lui faire des dames de la cour, et voici ce qu'elle déclara :

— Un jour, une dame de qualité me vint trouver, déguisée et en habits sales. Elle me demanda de tirer mon horoscope ; je le fis. J'y vis que cette dame serait accusée de crime d'Etat. J'ai travaillé pour elle sur le nom de Louis de Bourbon.

Quelle était cette grande dame ? on ne put le faire dire à la Trianon, qui peut-être l'ignorait.

Là s'arrêtèrent les dépositions de cette femme qui mourut durant l'instruction du procès.

Davot fut interrogé à son tour. Il déclara s'appeler Gilles Davot, être prêtre et avoir quarante ans. Il avoua que lui et Lesage étaient employés par la Voisin aux cérémonies sacrilèges faites à intention de mort. Lesage lui avait fait dire, ainsi qu'à d'autres prêtres, des évangiles sur des os de mort, placés en croix dans une manche de chemise, en vue d'amener le trépas de quelqu'un ; il lui avait donné en outre des conjurations pour les réciter en disant la messe, au moment de la consécration : une messe fut dite en Sorbonne, une aux Petits-Pères pour Fanchon, maîtresse de Baix, et trois autres en différentes églises, après le mariage, célébré par lui, de Lesage avec Marguerite Menot, gouvernante des enfants de la conseillère Brissart. Il dit même les évangiles dans un cabaret pour la femme du rendez-vous de l'église des Jacobins ; cette femme était la servante d'une dame qui voulait empoisonner son mari. Lesage lui remit un billet plié, lequel placé sous le calice avec la conjuration devait amener la mort de ce mari gênant. Mais Lesage se ravisa et reprit le billet en disant qu'il fallait qu'il parlât à la maîtresse de ladite servante, qu'il disait être une femme de qualité.

La servante, une grande fille au teint basané, dit à Davot :

— Quand Lesage aura parlé à ma maîtresse, je reviendrai vous trouver avec lui.

L'évangile dit sur la tête de la servante, au cabaret, était pour le dessein particulier de cette fille ; quant au billet qu'elle lui donna, c'était pour le dessein de sa maîtresse.

Après ces aveux, on déshabilla Davot ; on le mit sur le siège de la question ; ses bras et ses pieds furent attachés, et on lui passa le petit tréteau, ordinaires préludes de la question de l'eau. Le premier

pot de l'ordinaire ne lui arracha que des cris de douleur :

— Je ne sais rien de plus, dit-il; si je savais quelque chose, je le déclarerais sans me laisser tourmen-
ter plus longtemps.

Au second pot :

— Je n'ai jamais rien fait pour faire mourir, que
ce que j'ai dit : l'évangile dit sur la tête de la servante, au cabaret, était pour le dessein particulier de
cette fille ; le billet qu'elle me donna était pour le
dessein de sa maîtresse.

Les deux autres pots ne lui firent rien dire de
plus.

L'ordonnance criminelle de 1670 prescrivait quatre
pots d'eau pour la question ordinaire et autant pour
la question extraordinaire : quantité cruellement
énorme, le plus souvent impossible en pratique. Le
médecin des tortures modérait presque toujours l'ab-
surde férocité de la loi.

On dut en agir ainsi avec Davot, qui était déjà
extraordinairement enflé et qu'un pot de plus aurait
soustrait à l'échafaud.

Placé sur un matelas, près d'un grand feu, Davot
eut encore à subir, une fois remis, les quatre pots
de l'extraordinaire. Après quoi, replacé sur le matelas, il fut interrogé derechef sur le fait de la servante des Jacobins. Davot ne dit rien de plus.

Le 9 juillet 1679, il fut pendu et brûlé.

Cette dame de qualité sentait sa Mancine. Quant à

la servante au teint basané, ce ne pouvait être que la noire Marguerite Charpentier, veuve de Jean de Réfuge, la suivante, l'âme damnée d'Olympe Mancini.

Arrêtée sur la dénonciation d'un accusé, elle avoua qu'elle connaissait la Voisin et Lesage. On trouva chez elle des poudres, des drogues, des liqueurs suspectes, une coiffe d'enfant (un fragment de placenta), un *Enchiridion* et des livres dans lesquels il est parlé du *grand œuvre*. Elle convint avoir distillé de l'huile de vitriol et du soufre, mais seulement en vue « de l'utilité pour la santé ».

A la suite de cet interrogatoire, elle fut reléguée à la citadelle de Villefranche.

Reconnaissons-le : il y a dans toutes ces dépositions de quoi justifier amplement l'interrogatoire de l'une des deux Mancini, le décret de prise de corps lancé contre la seconde, l'arrestation de plus d'une grande dame et les poursuites contre plus d'un puissant seigneur.

Nous avons relaté les principales péripéties du procès officiel, nous allons aborder le procès réel, généralement peu connu, même des historiens.

IX

LE PROCÈS RÉEL

Le procès réel étale d'épouvantables turpitudes, révèle des vices, des hontes et des crimes inimaginables, et projette sur la société française du dix-septième siècle, réputée pourtant si brillante et si jolie, et sur l'histoire même de Louis XIV, des lumières étonnantes, inattendues.

Dans ce procès, tout démontre que le roi, pendant un certain nombre d'années, a été le point de mire d'ambitions avides, audacieuses à ne reculer devant aucun moyen.

Il s'agit là de complots contre sa puissance et même contre sa vie, de complots auxquels ont pris part les plus grands personnages de la cour et dont les instruments ont été les plus vils et les plus dangereux que renfermât le royaume.

Le procès réel nous montre tout autre que le procès officiel l'attitude des puissants mandés à l'Arsenal.

L'histoire a cru sur parole le maréchal de Luxembourg; madame de Sévigné, presque toujours bien informée, nous fait voir un tout autre homme dans les curieux passages d'une de ses lettres datée du 31 janvier 1689 :

« M. de Luxembourg a été deux jours sans manger ; il avait demandé plusieurs jésuites, on les lui a refusés ; il a demandé la *Vie des Saints*, on la lui a donnée. Il ne sait, comme vous voyez, à quel saint se vouer. Il fut interrogé quatre heures vendredi et samedi, il parut ensuite fort soulagé et soupa. On croit qu'il aurait mieux fait de mettre son innocence en pleine campagne...

« M. de Luxembourg est entièrement déconfit ; ce n'est pas un homme ni un petit homme, ce n'est pas même une femme, c'est une femmelette. « Fermez cette fenêtre, allumez du feu, donnez-moi du chocolat, donnez-moi ce livre ; j'ai quitté Dieu, il m'a abandonné. » Voilà ce qu'il a montré à Bézemaux et à ses commissaires, avec une pâleur mortelle. Quand on n'a que cela à porter à la Bastille, il vaut mieux gagner pays. »

D'autre part, les documents judiciaires nous disent que, arrêté le 23 janvier, il est interrogé le 26. Il commence par protester contre une juridiction qu'il repousse et il demande à être jugé par ses pairs. Puis il répond, non pas avec le noble dédain qu'il s'attribue dans sa lettre, mais en homme qui, sentant la gravité de l'accusation, fait tous ses efforts pour se disculper.

— Connaissez-vous un nommé Lesage, prêtre de Paris, fréquentant d'ordinaire chez la Voisin ? lui est-il demandé.

— J'ai vu ce Lesage, répond le maréchal ; cet

homme m'a escamoté un billet, contenant des folies, que je lui ai fait croire être des demandes importantes. J'ai donné pouvoir à mon intendant Bonnard de retirer les papiers et j'ignore ce qu'a pu faire Bonnard.

— Connaissez-vous un certain Montemaïor, condamné au bannissement pour fabrication de fausse monnaie ?

— J'ai été lié avec ce Montemaïor.

Un mot sur cet homme, introduit brusquement au procès.

Bouchard de Montemaïor était un gentilhomme franc-comtois, qui, comme Bonnard, s'occupait de fausse monnaie; de plus, au dire de la fille Voisin, il annonçait que tel ne passerait point l'année, et toujours ses prédictions se réalisaient avec une exactitude surprenante.

Certaines déclarations accusaient le maréchal d'avoir demandé, dans un billet passé au feu, la mort de sa femme et de M. de Créquy. Interrogé à ce sujet, il nia que, dans le billet escamoté par Lesage, il y eût rien de semblable.

Notons en passant que c'était l'habitude de ces prétendus sorciers de garder un gage qui mît leur client à leur discrétion. Il était prudent de prendre ces précautions.

Sur la fausse monnaie, on reproche à Luxembourg d'en avoir fait fabriquer une grande quantité, qu'on devait débiter à l'armée quand il y serait. Il dit ignorer ce qui a pu se faire autour de lui, et il rejette le tout sur l'intendant Bonnard.

D'un renseignement fourni durant la confrontation de La Bosse et de la Vigoureux, il résulte que l'intendant Bonnard s'occupait de fausse monnaie, principalement de la fabrication des pièces de quatre sous ; qu'il avait consulté le sort, demandé des conjurations, pratiqué des envoûtements au moyen de figures de cire.

Bonnard paraît, d'après ces déclarations, jouer auprès du maréchal de Luxembourg un rôle identique à celui que jouait la veuve de Refuge auprès d'Olympe de Mancini.

Le 14 mai intervient un arrêt définitif, qui décharge Luxembourg de l'accusation.

Le maître est acquitté ; mais l'intendant, François Bonnard, est condamné à l'amende honorable, dite la corde au col, et aux galères perpétuelles.

Me Brunet et les papiers de l'Arsenal nous ont donné l'attitude vraie de la duchesse de Bourbon devant ses juges.

Elle a avoué que la Voisin lui avait procuré la connaissance du prêtre Lesage, qui, « pour la divertir, lui escamota un billet, en le passant par le feu ». Elle et la personne avec qui elle était venue chez la Voisin chargèrent cet homme d'en faire passer un autre, de quoi il s'excusa. Elle nie avoir demandé, dans ce billet, la mort de M. de Bouillon.

Le 15 février, un arrêt ordonne le récolement de

Lesage, de la Voisin et de La Bosse, et leur confrontation avec la duchesse de Bouillon.

— Il est bien vrai, déclara madame de Bouillon, que la Voisin vint un jour chez moi. Ayant appris que je suis curieuse, elle m'annonça qu'elle avait chez elle un très habile homme, qui savait faire des merveilles. A quelques jours de là, je rapportai ce propos à M. le duc de Vendôme, au marquis de Buvigny, à l'abbé de Chaulieu et à madame de Chaulieu. « Il faut donc aller voir cet homme », dirent-ils. Un jour que j'avais dessein d'aller me promener, je fis mettre six chevaux à mon carrosse. Quelqu'un proposa alors d'aller voir cet homme extraordinaire qui était chez la Voisin. La partie fut acceptée. Toute la compagnie se rendit chez la devineresse. Celle-ci fit venir un homme que j'ai su depuis s'appeler Lesage, dans un cabinet où M. de Vendôme alla lui parler. Lesage lui ayant déclaré qu'il ne pouvait faire ce qu'il savait qu'en présence d'une seule personne, le duc de Vendôme vint me le dire. Je répondis à M. de Vendôme qu'étant venue en ce lieu, je voulais être présente avec lui à ce que Lesage proposait de faire... Je me rendis donc dans le cabinet où était Lesage ; je lui demandai ce qu'il savait faire d'extraordinaire. M'ayant répondu qu'il ferait brûler en ma présence un billet, et qu'ensuite il le ferait retrouver où je voudrais, je lui dis qu'il n'en fallait pas davantage. Lesage dit qu'il fallait écrire quelques demandes. M. le duc de Vendôme en écrivit deux pour savoir, l'une où était alors M. le duc de Nevers, et l'autre si M. le duc de Beaufort était mort. Le billet contenant ces deux questions ayant été cacheté, Lesage le lia avec du fil ou de la soie et y mit du soufre avec quelques enveloppes de papier; après quoi M. de Vendôme prit le billet qu'il fit brûler lui-même en ma présence, sur un réchaud, dans la chambre de la Voisin. Ceci fait, Lesage m'assura que je retrouverais le billet brûlé dans une porcelaine chez moi. Je dois dire cependant que je ne retrouvai rien. Mais, deux ou trois jours après cette visite, Lesage vint me rapporter ledit billet, ce qui me surprit extrêmement, d'autant plus qu'il était cacheté de la même façon et était dans le même état que lorsqu'il avait été remis à cet homme. Je me souviens, continua l'accusée, qu'en sortant de chez la Voisin, je lui donnai une pistole et que M. de Vendôme en donna une également à Lesage. Quand je fis à Chaulieu et à quelques autres seigneurs le récit de ce qui nous était advenu et que je leur dis que Lesage m'avait rapporté le billet brûlé, ils eurent peine à le croire; ils me dirent que cela ne pouvait être, et qu'il fallait obliger cet homme d'en brûler un autre, et de le retrouver. Je l'envoyai donc chercher et il se rendit à mon invitation. Un autre billet fut écrit par un de ceux qui étaient présents à notre première visite. Lesage ayant réclamé deux pistoles pour les sibylles, les deux pistoles lui furent remises; puis le billet fut brûlé comme la première fois. Lesage dit qu'il le ferait retrouver aussi bien que l'autre, et il se retira. J'envoyai plusieurs fois chez lui, j'y passai moi-même. Mais, après plusieurs excuses, il vint trois ou quatre jours après chez moi m'aviser que les sibylles étaient empêchées, et qu'il n'avait pas pu me rendre réponse : depuis lors, je n'ai pas revu Lesage, et je trouvai la chose si ridicule que je la racontai à plusieurs personnes, et que je l'écrivis même à M. le duc de Bouillon, mon mari, qui était à l'armée.

— N'avez-vous pas, lui fut-il demandé, écrit un billet que vous auriez remis à Lesage, qui aurait été cacheté pour être brûlé, et dans lequel vous demandiez la mort de M. de Bouillon, votre mari ?

— Non, répondit-elle, l'accusation est si étrange qu'elle se détruit d'elle-même.

Cet interrogatoire laisse une impression peu satisfaisante. On y voit bien une partie de plaisir chez les sorcières, faite sans grand mystère et en joyeuse compagnie. Mais Lesage vient bien souvent chez madame de Bouillon pour de simples exercices de jongleur.

Observons, en passant, que madame de Bouillon n'a point ce ton triomphant dont elle se vanta. Elle fut longuement interrogée, répondit, se justifia, fut confrontée. Lesage la chargea sur le fait de la mort de son mari, la Voisin ne confirma pas les dires de Lesage, bien que, dans ses interrogatoires, elle eût, elle aussi, accusé la nièce de Mazarin d'avoir attenté à la vie du duc de Bouillon.

Le tout finit, le 16 février, par un arrêt de décharge, et par un exil déguisé, à Nérac. Soyons sûrs qu'il y avait quelque chose en jeu, un crime peut-être !

Antoine de Pas, marquis de Feuquières, colonel, âgé de 32 ans, fut interrogé plusieurs fois, du 27 janvier au 1er février 1680. Il avoua connaître la Vigoureux et Lesage ; il dit avoir été, une fois seulement, chez cette femme. Il s'était trouvé, avec M. de Luxembourg, chez la marquise du Fontet, un soir que l'on avait envoyé quérir Lesage pour donner à la noble assistance des preuves de son talent de magicien.

Le 28 janvier, on interroge, sur cette soirée de jonglerie, Marie de La Marck, femme de M. du Fontet, mestre de camp de cavalerie. Elle nie la présence de Lesage à cette réunion.

Mais, le 6 mars, elle revint sur sa déclaration.

— Ayant appris, dit-elle, que l'instruction que l'on fait regarde *le service du Roi...*, la considération du bien public m'oblige de déclarer que, M. le duc de Luxembourg et le marquis de Feuquières étant venus chez moi, M. de Feuquières vint me demander du papier et de l'encre pour écrire un mot. M. de Feuquières retourna dans sa grande chambre, où ils écrivirent... Peu de temps après, M. de Luxembourg, M. de Feuquières et un autre homme nommé du Buisson (c'est le nom de guerre de Lesage) montèrent dans une chambre haute, accompagnés d'un laquais portant un réchaud allumé. Ils donnèrent congé au valet et eux-mêmes ne tardèrent pas à se retirer sans me parler et sans que j'aie su ce qui s'était passé. Du Buisson revint au bout de quelques jours, et fut étonné d'apprendre que ces messieurs n'avaient pas reparu. Il était mécontent de n'avoir reçu que dix pistoles. Je revis le maréchal peu de jours après; il me certifia que du Buisson était un fripon et un ignare.

Dans une autre déclaration du 11 mars, madame du Fontet ajoute que M. de Feuquières lui dit :

— Ce du Buisson est un escroc; sur son ordre j'ai fait creuser une fosse dans laquelle il a fait enterrer de la cire et dix pistoles, en me promettant de me faire retrouver un objet perdu; mais, quand je retournai à cet endroit, je n'y retrouvai que... la cire, l'argent avait disparu.

Ce dernier détail a une vilaine odeur d'envoûtement.

Quant à Claude-Marie du Gast d'Artigy, femme de Grimoard, comte du Roure et lieutenant général en Languedoc, elle fut récolée et confrontée avec la Voisin, le 15 février, à Vincennes.

Elle nia tout. La Voisin ne la reconnut pas.

— Dame! dit l'empoisonneuse, il y a quatorze ans de cela!

Madame du Roure fut déchargée par arrêt du 25 avril.

Quand la Commission de l'Arsenal eut ainsi réglé

les comptes des puissants décrétés du 23 janvier 1680, usant d'indulgence envers les moins coupables, éloignant les dangereux, c'est-à-dire ceux qui avaient osé attenter à la majesté royale, on s'occupa des criminels vulgaires. Comme toujours ceux-là payèrent pour les autres. Ne fallait-il pas purger le royaume de cette race d'empoisonneurs à gages, toujours prêts, pour de l'argent, à se faire les serviteurs des haines et des vengeances ?

Et puis on espérait avoir facilement raison de ce menu frétin et en obtenir l'aveu de certaines scélératesses intéressant directement la personne de Louis XIV.

Donc, un mois plus tard, le roi arrêta que, outre les maléfices, la composition et la distribution des poisons, la Commission de l'Arsenal aurait à connaître des sortilèges, des impiétés, des profanations, de la fausse monnaie.

Une des premières interrogées fut la Vigoureux. Cette femme, se défiant des juges, avait gardé le silence pendant tous ses interrogatoires, au moins en ce qui concernait les clients de la Voisin. Condamnée à la pendaison, elle avait fait proposer à M. de Louvois de lui révéler les choses les plus graves, s'il lui promettait la vie sauve.

Louvois refusa.

— Bah ! dit-il, la question saura bien lui délier la langue.

— Il ne saura rien, déclara la condamnée à qui

c'on avait rapporté cette réponse ; aucune douleur ne m'arrachera un mot.

En effet, elle subit les deux questions avec une constance d'autant plus étonnante que la rigueur du supplice était horrible, à ce point que le médecin declara que, si l'on ne cessait les tortures, la patiente allait expirer. On s'arrêta ; elle n'avait pas prononcé une parole.

Conduite, le lendemain matin, en place de Grève pour y être pendue, elle demanda à parler aux magistrats. Ceux-ci accoururent, s'attendant à quelque révélation ; mais la Vigoureux se borna à leur dire, non sans un certain orgueil :

— Messieurs, dites à M. de Louvois que je suis sa servante, et que je lui ai tenu parole, mieux peut-être qu'il ne l'aurait fait lui-même avec moi.

Puis se tournant vers le bourreau :

— Allons, mon ami, lui dit-elle, achève ce qui te reste à faire.

Et elle marcha vers la potence, aidant l'exécuteur dans sa besogne, autant du moins que le lui permettait son corps brisé par la torture.

On rapporta à la Voisin, dans tous ses détails, la mort de la Vigoureux.

— Je la reconnais bien là, s'écria-t-elle. C'était une bonne fille, qui avait cent fois plus de courage que tous les nobles qui nous jugent, et qui n'osent condamner avec nous comme nos complices les seigneurs que j'ai dénoncés. Les misérables ! j'aurais cru trouver au moins dans le sanctuaire des lois assez de pudeur pour rendre une justice à peu près égale, et j'espérais que, si les juges faisaient grâce à d'aucuns, ils nous la feraient aussi à nous qui n'avons été que des instruments. Je me suis trompée. Pourtant je devais savoir de quoi ils sont capables. A présent je vois que tout est fini ; l'exemple de cette bonne Vigoureux ne sera pas perdu pour moi. Elle a pris le mauvais moyen : elle n'a pas voulu parler, je parlerai, moi ; je les ferai rougir, eux et toute leur race. La Vigoureux a supporté la question en silence ; je veux chanter, moi, pendant qu'on me l'appliquera ; elle est morte en se résignant ; je veux mourir en maudissant les hommes et en blasphémant Dieu, qui permet de si atroces injustices...

Le 19 février, elle fut, comme nous l'avons vu, appliquée à la question ordinaire et à la question extraordinaire.

Dans son interrogatoire elle se décida à parler, n'épargna pas les révélations et raconta avec une horrible franchise sa vie et ses crimes. Elle était heureuse toutes les fois qu'elle pouvait désigner comme complice un grand seigneur ou une noble dame, et accomplir ainsi sa vengeance jusqu'au bout. Elle chargea surtout la comtesse de Soissons et alla jusqu'à accuser Racine d'avoir voulu empoisonner la comédienne Du Parc.

Nous avons dit que la Voisin avait tenu un registre sur lequel elle avait fidèlement inscrit les noms de ses clients.

Cette précaution, prise dans l'intérêt de sa propre sûreté, lui créait de si puissants complices qu'elle croyait que jamais la justice n'oserait les atteindre, et elle s'était longtemps considérée comme impunissable. Elle comprit qu'elle s'était trompée.

Son registre avait bien été mis sous les yeux des juges de la Chambre ardente ; mais, à cette époque, il était si facile de frapper ou d'épargner les coupables ! surtout lorsque ces coupables portaient les plus grands noms du royaume !...

Bref, ce registre compromettant fut brûlé ; quant aux révélations de la Voisin, elles furent étouffées... Ainsi le voulaient les convenances et le bon plaisir du roi.

La devineresse fut condamnée à mort. Il fut ordonné par la Chambre que premièrement elle ferait amende honorable ; puis qu'elle aurait la main percée d'un fer chaud et ensuite coupée ; que finalement elle serait brûlée toute vive en place de Grève.

Cet arrêt fut rendu un samedi à dix heures du soir et le supplice fixé au jeudi suivant, 22 février.

La Vigoureux, elle, avait été condamnée à la pendaison.

On le voit, on avait conservé entre ces deux femmes la hiérarchie du supplice. La Voisin ne vivait-elle pas en femme de qualité ? Le crime ne lui avait-il pas fait une sorte de piédestal ?

Dès le lundi elle connaissait son arrêt : sa gaieté un peu tapageuse, qui ne s'était pas démentie une seule minute pendant le procès, ne fut pas altérée davantage par la condamnation. Après l'avoir apprise, si elle s'emporta en imprécations et en menaces terribles, elle n'en continua pas moins à boire, à manger et à se livrer à la débauche.

— Eh ! quoi, dit-elle à ses gardes, ne ferons-nous point médianoche ?

A minuit elle fit lever le geôlier pour lui demander du vin et se mit à chanter les chansons les plus obscènes. Le mardi, quoiqu'on lui eût appliqué la question ordinaire pour en obtenir l'aveu de ses crimes et la question extraordinaire pour obtenir des révélations et le nom de ses complices, elle dîna avec appétit, dormit huit heures d'un sommeil paisible et recommença le soir, toute brisée qu'elle était par la torture, la débauche avec ses gardes, qu'elle sollicita, mais en vain, de lui procurer encore un plaisir que peut-être, disait-elle en riant, elle ne goûterait plus là-bas.

On lui fit honte d'un tel désordre.

— Vous feriez bien mieux, lui dit-on, de penser à Dieu et de chanter un *Ave, maris stella*, ou un *Salve*, que toutes ces chansons ordurières.

— Soit, je vais vous satisfaire, répondit-elle.

Elle entonna alors les chants sacrés en les tournant en ridicule. Puis elle dit aux gardes :

— Puisque vous n'êtes bons à rien, allez-vous-en et laissez-moi dormir.

Le mercredi s'écoula de même en débauches, en propos obscènes et en chansons bachiques.

Un confesseur s'offrit pour la préparer à bien mourir.

— Mon révérend père, lui dit-elle, soyez le bien-venu si vous voulez prendre un siège et boire ; sinon, je n'ai pas besoin de votre ministère et j'entends ne point dissiper en niaiseries la moindre parcelle du temps qui me reste à vivre.

Le saint homme essaya pourtant de faire entrevoir une lueur de grâce à cette pécheresse endurcie.

— Oui, oui, interrompit-elle, je sais par cœur toutes ces belles choses ; mais je n'en use pas... bon-jour!

Et elle tourna le dos au confesseur, forcé de battre en retraite.

Enfin, le jeudi, on ne voulut lui donner qu'un bouillon.

— Ah! çà, vous n'y pensez pas, se récria-t-elle, je n'aurai pas la force de parler à ces messieurs et, ce qui est beaucoup plus grave, ma démarche sera chancelante pour me présenter tantôt devant le diable.

A cinq heures on l'amena en carrosse de Vincennes à Paris. On la voulut de nouveau, mais en vain, faire confesser. On la lia et on la jeta ensuite dans un tombereau.

Une foule énorme couvrait la place de Grève, les rues et les quais que suivait le funèbre cortège. La Voisin, vêtue de blanc comme les condamnés au supplice du feu, la tête couverte d'une sorte de capuchon, était fort rouge et repoussait avec violence le crucifix qu'un Père célestin s'efforçait d'approcher de ses lèvres.

Elle fut conduite à l'église Notre-Dame, à la porte de laquelle elle devait faire amende honorable, une torche à la main; mais, arrivée sur le parvis, elle ne voulut jamais prononcer la formule d'expiation et l'on dut y renoncer pour éviter de nouveaux scandales.

Rendue en place de Grève, elle se défendit autant qu'elle put de sortir du tombereau.

— Te souvient-il bien d'être venu chez moi pour du poison? demanda-t-elle à l'exécuteur.

Il fallut l'enlever de force et la porter sur le bûcher. Assise près d'un poteau auquel on l'avait attachée avec des chaînes de fer, elle fut couverte de paille mouillée qu'elle parvint à repousser plusieurs fois. Enfin, un nuage de fumée l'enveloppa. On vit ses pieds se raidir et les flammes, qui s'élançaient des angles du bûcher, dévorèrent cette empoisonneuse célèbre dont le dernier soupir s'exhala dans un blasphème.

En apprenant l'exécution :

— Dieu lui fera miséricorde! dit la duchesse de La Ferté. Elle avait certes de grands vices, mais aussi elle était toute pleine de petits secrets pour les femmes, dont les hommes devaient lui savoir gré ; par exemple...

Nous n'achevons pas. Une duchesse de la cour de Louis XIV pouvait seule se permettre de nommer tout à plat ce joli secret de la Voisin qui devait lui attirer la reconnaissance des hommes.

Trois jours après, un gentilhomme parcourait tête nue, par une pluie battante, la rue Maubuée. Il s'arrêta devant la maison de la Voisin, déserte et entièrement close, et se mit à frapper à coups redoublés. Au bruit, plusieurs voisins se mirent aux fenêtres, et l'un d'eux cria au bruyant visiteur :

— Que demandez-vous donc, mon gentilhomme ?

— La Voisin, répondit celui-ci ; est-ce qu'elle est sortie, que personne ne vient m'ouvrir ?

— La Voisin ? répéta avec étonnement l'homme qui avait pris la parole, d'où venez-vous donc, monseigneur ?

— De Château-Thierry, où j'ai passé six mois.

— Eh bien, si vous avez fait le voyage de Paris pour voir cette sorcière, vous pouvez retourner d'où vous arrivez, car vous ne la verrez plus... à moins que chez le diable ; elle a été brûlée il y a trois jours en place de Grève.

— Brûlée... elle... Oh ! la pauvre femme !... s'exclama le gentilhomme interdit. Puis il ajouta : La maladroite !... pourquoi ne s'était-elle pas prédit ça ?...

Et moi qui venais lui demander à dîner ! Ah ! çà, où dînerai-je donc aujourd'hui ?

Un grand éclat de rire accueillit cette exclamation ; mais La Fontaine, que nos lecteurs ont reconnu à son admirable bonhomie, n'y fit pas autrement attention et reprit son rêve interrompu, sans plus se soucier de la sorcière que de savoir à quelle table hospitalière le hasard, ce jour-là, mettrait son couvert.

X

Le 6 février 1680, Louis XIV avait mandé à Saint-Germain son lieutenant de police et lui avait dit en propres termes :

— Il ne s'agit pas, ici, seulement de faits de poison ; il faudra faire la guerre à *un autre crime*.

Ce crime, Sa Majesté n'avait pas voulu l'expliquer.

N'oublions jamais, pour l'intelligence de tout ceci, que c'est la personne royale qui est en cause, et que tentatives d'empoisonnements, maléfices, sortilèges ne se sont pas attaqués seulement à des particuliers plus ou moins intéressants, mais surtout au roi.

Pendant tout le cours de cette longue procédure, Louis XIV ne cesse de montrer l'intérêt profond, personnel, qu'il attache à l'affaire des poisons. Plusieurs lettres de cachet expliquent, développent ses intentions à cet égard, et c'est par son ordre spécial qu'au mois de juillet 1680, on classe les faits acquis à ce moment par la procédure.

Cette classification fut faite par cassettes, et il y en eut trois.

La première cassette fut intitulée : la *Trianon, ou les desseins*. Dans celle-là furent réunies les pièces qui se rattachaient plus spécialement aux entreprises contre le roi et madame de Fontanges ; ce fut celle-là dont le contenu fut le plus longtemps tenu secret.

La seconde cassette fut dite : la *Filâtre*. Dans celle-là furent surtout réunies les preuves de mauvais projets de M. de M..., c'est-à-dire de madame de Mancini, Olympe de Soissons.

La troisième cassette eut pour étiquette : *Sacrilèges, sacrifices, desseins*. On y trouve principalement les aveux de superstitions criminelles.

Quelques simples observations vont, maintenant jeter la lumière dans ce catalogue de crimes et de supplices, et nous faire comprendre le continue sous-entendu de cet énorme procès.

A quelle occasion est instituée la juridiction spéciale de l'Arsenal?

Une procédure, dans les formes ordinaires, a été commencée, dès le 13 janvier 1678, à propos de révélations contenues dans le billet trouvé aux jésuites de la rue Saint-Antoine. Ces révélations intéressent à la fois, la personne royale et la succession au trône de Louis XIV. On a appris par elles qu'à un certain moment, la vie du roi et celle de Mgr... (le Dauphin) ont été menacées par un complot d'empoisonnement.

On arrête des empoisonneurs à gages, des charla

tans, des devins, gens connus pour spéculer sur la
crédulité publique et sur les passions criminelles.
De leurs aveux, il résulte qu'il y a eu, en effet, une
machination contre la royauté; mais on s'aperçoit,
en même temps, que ces misérables n'ont été que des
instruments. Les coupables sont plus haut, à Versailles, au pied même du trône.

Alors, sont promulguées les lettres patentes du
7 avril 1679. La juridiction qu'elles instituent est
extraordinaire, comme les crimes qui lui sont attri-
bués. Son but apparent était d'extirper un mal public, un grand désordre moral.

A ce point de vue, l'établissement de la chambre
ardente (nom significatif donné par le peuple, parce
qu'on brûlait les condamnés), répondit aux préoccupations générales, et dissipa les craintes qu'avaient
fait naître des crimes nombreux, commis par une
sorte d'association malfaisante. Mais le caractère
vrai, le but non avoué de cette institution juridique,
fût, on n'en saurait douter, la protection du prin-
cipe monarchique, en même temps que le respect du
secret des amours royales, que Louis XIV eût vues
avec peine livrées à la curiosité et aux commen-
taires de ses sujets par les enquêtes du parlement.

Prouvons-le rapidement, par les faits mêmes du
procès. Le premier groupe d'accusés se compose de
l'association Vanens, Bachimont, Blessis, La Bosse,
la Vigoureux, la Trianon, la Voisin, Guibourg, Lesage et consorts. En les interrogeant, on découvre

une multitude de crimes privés qui motivent des condamnations nombreuses. C'est là la partie officielle du procès. La poursuite de ces crimes répond aux préoccupations de l'opinion publique.

Mais, à chaque instant de la procédure, jaillissent des lumières inattendues sur des faits qui paraissent d'abord n'avoir entré eux aucune connexion. Ces faits sont attentatoires ou à la majesté, ou à la sûreté de la personne royale.

Le 22 décembre 1679, « le roi, après son dîner, dit le manuscrit de Brunet, a commandé à MM. Boucherat, de La Reynie, Besons et M. le procureur du roi Robert, mandés à Saint-Germain, de faire justice exacte, dans ce malheureux commerce, sans aucune distinction de personnes, de condition, ni de sexe ».

Déjà Louis XIV avait découvert que deux intrigues principales l'avaient, pendant de longues années, enveloppé, menacé, et il avait délié les ministres de sa justice du respect qu'auraient pu leur inspirer les grands criminels compromis dans des révélations terribles.

L'une a eu pour instigateur Fouquet ; l'autre a été conduite par Olympe de Mancini, comtesse de Soissons. Toutes deux aboutissent à une tentative d'empoisonnement, mal conçue peut-être, mais clairement démontrée.

L'intrigue Mancini ressort de toute la procédure. Tous les accusés principaux nous montrent cette femme demandant à la magie les moyens de s'empa-

il du roi, épuisant contre lui et contre ses favorites
arsenal mystérieux des conjurations, et, quand sa
défaite est complète, en appelant au poison pour se
venger.

Depuis la disgrâce de Fouquet, un grand nombre
de personnes que sa chute avait ruinées, s'étaient
groupées spontanément pour chercher en commun
un moyen secret de détruire les ennemis du ministre
tombé.

L'ancien surintendant, consulté, avait donné son
adhésion et il avait même indiqué pour placer à
la tête du complot la Voisin à laquelle il avait continué de servir une pension avec l'espoir qu'un jour
ses talents de devineresse lui seraient utiles. Ce jour
était arrivé. Il ne doutait pas du dévouement de cette
femme qui avait prédit sa disgrâce et dont il regrettait amèrement de ne point avoir suivi les prudents
et sages conseils. La Voisin promit son concours à
la sieur Pinon, chargé de la tâter à ce sujet.

Ce Pinon avait des prétentions sur des parties
considérables de bois, dépendantes de la forêt d'Orléans.

De ces prétentions, reconnues fondées par Fouquet, Colbert avait fait justice, à la chute du surintendant, et les bois avaient été adjugés au roi.

Ruiné par ce changement de ministère, Pinon
avait conçu contre Colbert une haine qui ne pouvait
s'éteindre que par la mort et l'on comprend quel intérêt sérieux il avait à relever la fortune de Fouquet.

Soit simple désir de vengeance, soit espoir secre
de voir se lever de nouveau l'étoile du ministr
tombé, Pinon, recommandé par la Voisin, se lia ave
Sainte-Croix, le sinistre amant de la marquise d
Brinvilliers, avec Glazer, un pharmacien allemand
avec Guibourg, avec Beaulieu, tireur d'horoscopes

Les deux premiers travaillèrent à la confectio
d'un poison subtil, destiné à Louis XIV et à Col
bert.

Mais Pinon mourut en 1679, sans avoir réussi
satisfaire ses désirs ; il fallut lui chercher un succes
seur dans l'association dont Glazer et Sainte-Croi
étaient les fondateurs et à laquelle s'étaient affilié
des aventuriers, des sorciers, des spéculateurs, e
même un nommé Jean Maillard, auditeur des comp
tes, à Paris. Le choix s'arrêta sur un certain Baren
ton.

Ce Barenton, simple laboureur en Beauce, s'était
de sa propre autorité, institué vétérinaire, rebou
teur, puis jeteur de sorts, noueur d'aiguillettes ; i
s'était fait par tout l'Orléanais, une réputation d
maître en fait de maléfices. On saisit chez cet homm
un livre de magie, signé des noms de deux diable
et de leur chef Belzébuth. Barenton, homme pré
cieux pour l'association, cumulait; même avant d
connaître Glazer et Sainte-Croix, le poison et l
magie.

Il disait, pour les gens venus de Paris, des messe
sur le ventre de sa servante. Il vendait aux femme

de l'arsenic pour leurs maris, aux maris de l'arsenic
pour leurs femmes, aux amoureux de la poudre de
mouches d'amour, aux jaloux des semences froides et
des extraits destinés à amortir les sens.

Une fois mis en rapport avec les amis de Pinon, il
s'occupa sans doute de choses plus importantes ; car
sa femme, grossière paysanne, et qui n'eût pu in-
venter en semblable matière, déclara qu'une certaine
Bosse étant venue à la maison, s'était souvent et
longuement entretenue avec son mari de M. Fouquet
et d'un secret cherché.

Voilà la filiation du complot bien établie. Voilà
clairement démontrée la liaison des procès Barenton, Maillard, Moreau et autres, avec les procès la
Bosse, Vigoureux, Trianon, Vanens et consorts.

Tous ces misérables se tiennent, tous sont surpris
mêlés à une grande intrigue politique, dont le surintendant Fouquet est la cheville ouvrière.

C'est une sorte de franc-maçonnerie de scélérats
qui exploitent la société. Leurs mains homicides
sont au service de toutes les pensées ténébreuses ;
et, comme, de toutes ces pensées, la plus audacieuse
est celle qui doit rapporter le plus, nous retrouvons,
pendant près de vingt ans, ces coquins prêts à tout
faire, travaillant pour le compte de la grande ambition déçue.

Tous les ans, Glazer allait en Italie chercher pour
Fouquet les toxiques les plus nouveaux.

Il se mettait en quête de poisons végétaux, non de

ces terribles essences, que compose la chimie modern
mais de feuilles d'un végétal quelconque, à la mo
en Italie.

L'Italie avait en effet hérité des terribles secre
de l'Orient, cette patrie du poison. Locuste, Car
die, avaient fait un art de l'empoisonnement, d
couvert des venins foudroyants, insaisissables. L'
talie du dix-septième siècle avait la fameuse *Aqu*
Tofana ou *Aquetta di Napoli*.

Elle a devancé la France dans cet art monstrueu
elle a fait l'éducation de l'Europe en fait de poison

Lesage est à la tête de l'affaire, de cette grand
intrigue.

Pinon faisait dire des messes à Guibourg avec d
conjurations pour quelques charmes sur l'esprit d
roi, et, ne réussissant pas, il veut se servir du poiso
contre le roi. On fit venir Guibourg à Vitry; là,
s'est trouvé en compagnie d'un prêtre et d'un se
gent aux gardes, La Houssaye. On s'est réuni da
une cave, et l'on a fait en commun, pour le dessei
de Pinon, neuf jours de conjuration sur une figu
de cire blanche représentant le roi.

C'est la vieille cérémonie de l'envoûtement.
Vitry, la conjuration finit comme d'habitude, par
combustion de la figure de cire. Pinon en met l
cendres dans une boîte.

C'est la Voisin qui prêta les livres de conjuratio

A la Bibliothèque nationale se trouvent les papie
de Fouquet.

Ces documents modifient singulièrement l'histoire traditionnelle du surintendant.

Sa figure, si glorieusement dessinée par la flatterie à gages, ou par la poésie reconnaissante, s'y dépouille des hautes qualités dont on s'était plu à le parer.

Il redevient là un corrupteur, un rapace de haute volée, qui était en bon train d'acheter, d'avilir et d'asservir la France, quand le roi le fit arrêter à Nantes, le 5 septembre 1661.

Comme on va le voir, le Fouquet de l'histoire ne ressemble guère au Fouquet de la tradition.

Depuis sa chute, il n'a cessé de machiner contre le roi. Il a près de Louis XIV Pellisson, son premier commis. Il a, à Versailles, la marquise d'Alluye, autrefois sa maîtresse, quand elle s'appelait mademoiselle de Fouilloux. Il a une Vivonne, qui complote la mort de Colbert. Il a au Parlement son parent Pinon Dumartroy. Il a l'auditeur des comptes Jean Maillard, le médecin Moreau, toute la clique des amis et des élèves de Sainte-Croix, toute la séquelle des empoisonneuses devineresses.

On n'a pas assez remarqué l'étrange figure de son frère, son âme damnée, l'abbé Fouquet, scélérat faisant peur même au surintendant qui se servait de lui. Si l'on en croit Gourville, cet abbé entretenait à ses dépens une cinquantaine de personnes, la plupart gens de sac et de corde, qui lui servaient d'es-

pions et le faisaient craindre. Le chef de ces *bravi*
était un certain Biscara, officier aux gardes.

Qu'on ne croie pas que l'abbé Fouquet se contentâ
de payer des mouches ; à l'occasion il avait besoin
de sicaires. N'est-ce pas lui qui, un jour, proposa à
Mazarin d'enlever, d'assassiner et de saler le coad-
juteur ?

Nous avons dit que Fouquet lui-même avait peur
de son frère, sachant pertinemment de quoi il était
capable. Voici ce qu'il en dit dans des instructions
secrètes dont les prévisions sont significatives :

« Si j'étois mis en prison et que mon frère l'abbé,
qui s'est divisé dans ces derniers temps d'avec moi
mal à propos, n'y fust pas, et qu'on le laissast en
liberté, il faudrait doubter qu'il eust été gagné
contre moi, et il seroit plus à craindre en cela qu'un
autre. »

Encore un peu de lumière dans cette vie criminelle
et nous aurons le vrai Fouquet.

Il reste acquit par la procédure de l'affaire Brinvilliers, dont nous avons, dans un autre ouvrage
déroulé les sanglantes et dramatiques péripéties, et
de plus par la procédure de l'Arsenal, que, à l'époque
même de sa grande faveur, le surintendant gageait
des maîtres ès poisons, soudoyait toute une bande de
bravi de l'arsenic et du sublimé, instruits dans les
arts funestes de l'Italie par Glazer et par Exili.

A un certain moment, sa pensée criminelle, son
grand dessein se rencontre, dans les mêmes ateliers

e crimes, avec la pensée criminelle, avec le dessein
d'Olympe de Mancini.

Ces deux ambitions déçues, ces deux cœurs altérés
de vengeance, se réunissent dans une même entreprise, le complot du placet de Saint-Germain.

C'est madame de Mancini qui s'était chargée de
remettre ce placet. En l'ouvrant, le roi devait tomber foudroyé par le poison qu'il contenait et qui tuait
l'italienne, par la respiration, par le simple contact.

Ce poison avait été composé par Maillard et Pinon,
agents de Fouquet, et fourni par Blessis, l'acolyte de
Vanens.

La Voisin était suppliciée depuis plus de trois
mois. Sans attendre les résultats des nombreuses
poursuites dont ses révélations étaient la cause ; sans
se soucier du soin nécessaire de la garder jusqu'à ce
qu'elle eût été confrontée avec tous ceux qu'elle
chargeait, les commissaires de la Chambre ardente,
comme nous l'avons vu, l'avaient fait brûler vive, au
grand ébahissement du populaire.

« On ne dit pas encore ce qu'elle a dit, écrit madame de Sévigné, qui était allée la voir passer d'une
fenêtre de l'hôtel de Sully ; on croit toujours qu'on
verra des choses étranges. »

Il semble qu'on eût eu hâte de se débarrasser d'un
témoin gênant qui, n'ayant aucune grâce à attendre, prenait un sauvage plaisir à grossir son importance en associant sa perte à celle de beaucoup de
têtes illustres.

On n'y gagna rien, si ce n'est de nouveaux e
plus graves embarras. La fille de l'empoisonneus
était sous les verrous, en possession de tous les se
crets de sa mère.

Louvois vint la trouver, ainsi que Lesage, qu'o
gardait à Vincennes. Il eut l'idée de promettre la vi
sauve à ce dernier, s'il consentait à faire des aveu
complets. Lesage, fortement compromis, n'eut gard
de refuser.

Les déclarations les plus importantes vinrent d
la belle-fille de la Voisin, fille du premier lit d'An
toine Monvoisin, âgée de vingt-un ans.

On avait placé auprès d'elle, dans sa cellule, u
espion femelle, une *mouche*, comme on dit aujour
d'hui. Ce rôle de mouton fut joué par Nanon Aubert
autrefois confidente d'une dame de qualité accusé
de magie, elle était elle-même compromise dan
l'affaire des poisons.

En récompense de ses services de geôle, elle obtin
la vie sauve, mais fut condamnée à la réclusion dan
la maison des Ursulines de Besançon, où le roi paya
de ses deniers, sa pension s'élevant à deux cent cin
quante livres.

Endoctrinée par cette Nanon Aubert, sachant d'ail
leurs sa belle-mère morte, la fille Voisin se décida
parler.

Sa belle-mère, déclara-t-elle, avait plus d'une foi
porté chez la comtesse de Soissons des poudres qu
étaient destinées au roi et devaient, au dire de l

sorcière, ranimer l'ardeur amoureuse du monarque
pour son ancienne maîtresse.

Ce n'était pas la seule intrigue ourdie contre le
cœur de Sa Majesté : deux années durant, une fille
Desœillets, suivante d'Olympe de Mancini et dont La
Pierre était le confesseur, apportait souvent chez la
devineresse des billets, la conjurant d'arracher le roi
aux pièges trop fréquents que lui tendaient des beautés peu scrupuleuses.

Mais, aucune conjuration ne réussissant, la nièce
de Mazarin en avait conçu une telle rage qu'elle avait
juré de se venger. Elle avait en conséquence imaginé
de venir à Saint-Germain se jeter aux pieds de Louis
et de lui présenter le placet empoisonné dont nous
avons déjà parlé ; pour mieux assurer encore sa vengeance, pendant que le roi la relèverait, elle devait
glisser du poison dans la poche de son habit.

Cette poudre avait été fournie par la Trianon. Elle
l'avait empaquetée et ficelée avec toutes sortes de précautions, parce qu'il ne fallait pas que cette poudre prît
l'air, « toute la force meurtrière de cette substance
résidant dans des corpuscules ténus et volatils ». Que
le roi ouvrît le placet, et c'en était fait de lui.

Le souverain mort, la Trianon passait aussitôt en
Angleterre avec ses écus.

Certes, les conjurés jouaient gros jeu, puisqu'en cas
d'échec il y allait de leur tête, en revanche, en cas
de réussite, le gain serait énorme.

C'était Olympe de Mancini qui devait solder les

dépenses. Sa haine assouvie se montrerait généreuse.

Aussi, à partir du jour où l'on s'était décidé à cette manœuvre criminelle, la Voisin avait donné congé à un drôle qui devait être son gendre, un certain Romany, de Grenoble, aventurier prêt à tout faire, qui avait exercé toutes sortes de professions louches : valet de chambre, praticien, garde dans l'armée de Savoie, maître d'hôtel, surtout fripon, en somme, un vrai Mascarille.

— Romany ne fait plus mon affaire, avait dit la Voisin ; ce n'est plus un mari digne de ma fille ; il nous faut aujourd'hui un parti de cent mille livres.

Associé à un coquin de sa trempe, un nommé Bertrand, ce Romany avait, un jour, accepté la mission de débarrasser la comtesse de Soissons de la duchesse de Fontanges, la nouvelle maîtresse de Louis XIV.

Ces deux bandits pensèrent réussir dans leur complot en faisant remettre à la favorite une robe préparée avec un poison qui devait la faire mourir de langueur.

Ils firent venir du Lyonnais des pièces d'étoffes d'une richesse et d'un goût inouïs, et d'Italie, des gants apprêtés à la mode de ce pays, et, déguisés en marchands du midi, ils espéraient faire agréer plus facilement leurs offres.

Ce crime suivrait la mort du roi, que l'on devait empoisonner avec un toxique à effet plus prompt. On proclamerait ensuite que madame de Fontanges était morte de chagrin de la perte du roi.

La fille Voisin déclara que ces projets criminels n'avaient échoué que parce qu'elle avait brûlé le placet empoisonné, à la suite d'une visite de missionnaires qui avaient fait un esclandre chez sa belle-mère.

A cette intrigue avaient été mêlés trois prêtres, La Tour, La Pierre et Guibourg, lequel avait souvent brûlé des fagots pour madame Olympe de Mancini, en disant :

— Ceci est le corps, l'âme, l'esprit, le cœur et l'entendement de Louis de Bourbon.

Ces déclarations furent confirmées par le complice de Romany, Bertrand, qui avoua que, le 25 juillet, un certain Blessis l'avait entretenu de ce dessein de faire remettre un placet au roi.

Bertrand avait fait recopier le placet chez La Pierre et la Voisin l'avait emporté tout préparé, en même temps qu'une robe de chambre empoisonnée destinée au marquis de Thermes.

Romany, interrogé, raconta, à sa manière, la rupture du mariage projeté. A l'entendre, c'était lui qui avait refusé la main de la fille Voisin, et cela parce qu'il avait appris que la belle-mère exerçait la profession suspecte de devineresse, et que la belle-fille était accouchée clandestinement.

— Ces mœurs dépravées, ajouta-t-il, m'ont inspiré un insurmontable dégoût et, d'ailleurs, mon frère, le prêtre La Pierre, m'avait détourné de cette union indigne.

Pressé de questions, Romany ne peut nier qu'il eût été question de lui donner accès auprès de madame de Fontanges.

Une autre accusée, la Bellier, dit avoir connu les poudres d'amour de madame de Mancini et le dessein contre la vie de madame de Fontanges.

Ce poison si subtil, qui tuait à l'italienne, par la respiration, par le simple contact, qui l'avait fourni? C'était Blessis, l'acolyte de Vanens. Qui l'avait composé? C'était Maillard, c'était Pinon, agents de Fouquet, élèves de Sainte-Croix, qui travaillait avec Glazer pour le grand dessein de Fouquet.

Une autre devineresse, la Filâtre, avait été mêlée, avec le prêtre Guibourg, ancien aumônier du comte de Montgommery, curé de Saint-Mesmin, aux entreprises d'Olympe de Soissons.

La Filâtre, dans le désir de faire avancer sa famille, était entrée dans la maison de madame de Fontanges. La Chapelain, qui était en relations avec Vanens, lui promit, si elle lui procurait des poudres pour madame de Mancini et des poisons pour M. Fouquet, de lui fournir des habillements et le nécessaire.

Alléchée par ces promesses, la Filâtre s'adressa à un certain Galet qui lui donna des poudres pour inspirer l'amour, les mêmes que madame de Mancini prenait pour le roi.

Pendant ce temps, Guibourg psalmodiait des messes sacrilèges, une entre autres sur le ventre de la Filâtre pour la réussite de madame de Mancini et

aussi pour le dessein qu'un homme de qualité avait
contre M. Colbert.

Une autre fois, Guibourg dit une messe sur le
ventre d'une femme, en présence de deux valets de
chambre, dont un était un homme de qualité qui en
voulait à M. Colbert.

La Filâtre passa sur la sellette le 2 septembre 1680.
Le lendemain, elle fut soumise à la question. Elle y
avoua ce que nous venons de relater. Elle ajouta avec
amertume, en parlant des gens de qualité qui l'a-
vaient fait agir :

— Ce n'est pas de ces gens-là dont on fera justice,
ceux pour qui on a dit une messe sur le ventre,
comme m'en a dit Guibourg.

Au troisième coin de l'ordinaire, elle s'écria :

— On me punit, moi, pour avoir assisté à une
seule de ces messes. C'est la Chapelain qui s'est servie de moi ; elle m'a fait agir pour la recherche de
poudres pour madame de Mancini et de poisons pour
M. Fouquet.

Galet, confronté avec cette accusée, convint de lui
avoir donné des poudres pour l'usage de madame de
Mancini qui les destinait au roi.

Ecoutons Guibourg parler à son tour des noirs desseins de l'Italienne avec des détails que l'on n'invente
pas.

Il avoue avoir remis à une dame de qualité des
poisons destinés à M. de Colbert. La première dose

s'étant trouvée insuffisante, il en vendit une dose plus forte.

En outre, un conseiller au Parlement, M. Pinon Dumartroy, parent de Fouquet, lequel voulait venger le surintendant de sa disgrâce et qui avait des intelligences dans l'office de la bouche du roi, lui demanda du poison.

Un M. Le Roy, gouverneur des pages de la petite écurie, lui a fait dire des messes sur le ventre, qu'on lui payait vingt pistoles.

Il offrit à Guibourg de travailler pour madame de Mancini. Il fit briller à ses yeux la promesse d'un cadeau de cinquante pistoles et d'un bénéfice de deux mille livres.

Une première messe fut dite, près de Montlhéry, à l'intention de cette dame, pour un coupable dessein et avec d'horribles circonstances, sur le ventre d'une femme qui servait d'autel ; le crucifix était renversé et l'office fut célébré par Guibourg en commençant par la fin. Voici la formule de conjuration qui fut employée :

« Astaroth, Asmodée, princes de l'amitié, je vous conjure d'accepter le sacrifice que je vous présente de cet enfant, pour les choses que je vous demande, qui sont que l'amitié du roi et de M. le D...... me soit continuée, et être honorée des princes et princesses de la cour ; que rien ne me soit dénié de tout ce que je demanderai, tant pour mes parents que pour mes serviteurs. »

Le crime atroce d'infanticide s'ajouta au sacrilège. Ce prêtre infâme avait acheté un écu le pauvre petit être destiné au sacrifice ; il lui fut apporté par une grande fille, sa mère peut-être.....

Guibourg piqua l'enfant à la gorge avec un canif, et reçut le sang dans un calice !

Puis, on emporta le petit être râlant et l'on en rapporta le cœur et les entrailles, qui furent divisés en deux parties : l'une devait servir pour une seconde oblation, l'autre à la confection des poudres que madame de Mancini demandait pour donner au roi.

Notons ce détail : durant l'affreuse cérémonie, la dame, sur le ventre de qui la messe fut dite, eut toujours ses coiffes rabattues sur le visage, et la poitrine ouverte jusqu'à moitié du sein par ses jupes relevées.

Une deuxième messe sacrilège fut dite dans une masure, sur le rempart, à Saint-Denis. La même femme servit d'autel ; les mêmes cérémonies furent renouvelées, et eurent lieu, cette fois, en présence d'une nommée Pelletier.

Enfin Guibourg dit une troisième messe, à Paris, chez la Voisin, sur la même femme déguisée et voilée, qu'on lui a toujours dit être madame de Mancini. Ce fut, cette fois comme les autres, à la même intention ; l'office sacrilège terminé, Guibourg, en reprenant son manteau jeté sur une chaise, découvrit un pacte ou plutôt la copie d'un pacte ; car les originaux de ces sortes de conjurations doivent être écrits

11.

sur parchemin vierge, et celui-là était écrit sur pa
pier ordinaire. La curiosité lui fit parcourir rapide
ment cette copie de pacte, qui contenait cette fo
mule :

« Je (   ), fille de (   ), demande l'a
mitié du R.. et celle de M. le D......, qu'elle me so
continuée ; que la R.... soit stérile ; que le R.. quit
son lit et sa table pour moy ; que j'obtienne de lu
tout ce que je luy demanderay pour moy, mes paren
que mes serviteurs et domestiques luy soient agré
bles ; chérie et respectée des grands seigneurs, que
puisse être appelée aux conseils du R.. et sçavoir
qui s'y passe, et que cette amitié redoublant plus q
par le passé, le R.. quitte et ne regarde La Val...
et que la R.... étant répudiée, je puisse épouse
le R... »

Guibourg en était là de sa lecture, quand la femm
qui avait déjà franchi le seuil de la porte, rentra pr
cipitamment et arracha le papier des mains du prêt

Dans ses dépositions devant le juge interrogateu
Guibourg a avoué qu'il ouvrait un cœur d'enfant,
exprimait le sang dans un vase de cristal et le méla
geait avec des fragments d'hostie consacrée, qua
il disait une messe sacrilège.

Pour présider à ces cérémonies infâmes, il revêt
quelquefois l'aube, l'étole et le manipule. C'est da
ce costume qu'il avait fait, à la prière de la Desœ
lets, une conjuration dont le but était de fabriqu
un charme pour s'emparer du cœur du roi. La De

œillets vint, accompagnée d'un homme qui donna la formule de la conjuration, écrite sur un papier cacheté. Cette fois, il ne fut pas fait de sacrifice d'enfant; mais l'atroce fut remplacé par l'immonde.

Ici, déclare un auteur qui a fait de cette cause célèbre une étude approfondie et qui nous a souvent servi de guide dans nos recherches, « ici, la plume se refuse à retracer les inventions inouïes où la crédulité se laisse entraîner par la luxure. La langue latine elle-même ne couvrirait pas d'un voile assez épais ces turpitudes dignes de la débauche de Rome en décadence, ces raffinements de la lubricité impie. Il nous suffira de dire que, le calice rempli d'un affreux et dégoûtant mélange, Guibourg récita une conjuration, tira le mélange du calice et le mit dans un petit vaisseau, que l'homme et la Desœillets emportèrent. »

La Méline, tapissière, a empoisonné son enfant qui a servi à un sacrifice.

La Poignard, qui se mêlait d'avortement, a livré son neveu à Guibourg, qui l'a sacrifié en présence de la Joly. Le sang fut reçu dans un calice.

Les sœurs Chevreau furent aussi un moment impliquées dans un sacrifice d'enfant, tué par Guibourg, dans un trou creusé au pied d'un chêne; sous ce rapport leur innocence fut reconnue; mais elles ne purent nier qu'elles eussent fait désensorceler leur neveu par ce prêtre qui, à cette époque, était âgé d'environ soixante-dix ans.

Mais revenons à la Filâtre. A la torture, elle avoua beaucoup d'empoisonnements. Elle dit avoir fait un pacte pour le rétablissement de M. Fouquet et pour la mort de M. Colbert, sur la demande de madame de Vivonne. Elle avoua encore avoir fait dire, par Guibourg et par un autre prêtre nommé Coton, nombre de messes à l'envers. Elle avait consacré des couleuvres pour l'amour et vendu des cantharides.

Elle raconta une scène de sacrilège vraiment curieuse et qui montre combien ces infâmes créatures étaient dupes elles-mêmes de leur superstition.

La Simon, devineresse et empoisonneuse, étant devenue enceinte des œuvres de La Coudroye, il fut organisé, sous les auspices de la Filâtre, une cérémonie magique, ayant pour objet de céder au diable le nouveau-né.

La Filâtre traça dans sa chambre un cercle magique, au bord duquel accoucha la Simon ; dès que l'enfant parut, ses parents renoncèrent solennellement pour lui au saint sacrement.

Le 20 septembre 1680, la Filâtre fut brûlée à l'âge de trente-cinq ans, ainsi que le prêtre Coton, atteint et convaincu d'avoir fait à Melun, dans une cave, une conjuration suivie de sacrifice.

Furent encore brûlés vifs Deschaut, de Bray, qui avaient usé de poison et avaient été complices du dessein de faire mourir le roi et de rendre le pouvoir à M. Fouquet ; la Joly, complice de la Méline, qui avait pour protecteur le lieutenant criminel l'Orléans ; au milieu des souffrances de la torture, elle avoua avoir désensorcelé une femme La Motte, et cela au moyen d'un cœur piqué et bouilli dans un pot neuf. Elle avait été de l'affaire du neveu de la Poignard, sacrifié par Guibourg, et dont le sang avait été reçu dans un calice. Elle dénonça une fille Doux, pire que la Brinvilliers pour le poison, et raconta l'empoisonnement d'un sieur Desgrez, fait par la Heupot, à l'aide d'une fille-mère à son service. Elle dénonça encore beaucoup de monde : des filles qui avaient cherché à se débarrasser de leurs mères ; des frères qui avaient attenté à la vie de leurs frères ; des femmes qui avaient acheté la mort de leurs maris ; des maris qui avaient payé pour obtenir la mort de leurs femmes.

Furent pendues la Sardone et la Poligny, devineresses et empoisonneuses ; la Rouffet, dont le métier était de faire avorter, et qui possédait une pierre qui était son secret : la Méline ; Louison des Loges.

Fut pendu et brûlé François de La Lande, qui se mêlait de médecine. Il faisait, avec Guibourg, des pièces volantes composées de cire de cierge pascal. Il trafiquait de sorcellerie et de poisons.

Furent roués vifs Barenton, vendeur de maléfices, diseur de messes sacrilèges, empoisonneur, et son complice Moreau.

Quant à Jean Maillard, auditeur des comptes à Paris, complice de Moreau, de Pinon et de Barenton, il eut la tête tranchée.

D'autres condamnations furent encore prononcées : celle de Vanens, chez qui avaient été trouvées des drogues avec lesquelles des experts déclarèrent avoir empoisonné des animaux ; celle de Chaboissière, valet de Vanens, souffleur et chimiste en poisons, qui avait empoisonné un abbé Chapelle ; celle du chiromancien Gobert, qui tirait des horoscopes et nouait l'aiguillette, pour le compte de la La Bosse ; celle de la Lescalopier, pendue en effigie, pour avoir acheté à La Bosse et à Maillard, du poison qu'elle donna à son mari, dans un bouillon au lait. Plus heureuse que ses complices, La Lescalopier put gagner la frontière sous des habits d'homme ; celles de la Poignard, qui fut reléguée à Belle-Isle-en-Mer, de Blessis, qui fut condamné aux galères perpétuelles, et des sœurs Chevreau, qui furent condamnées à cinquante livres d'amende, à trente livres d'aumônes, et qui furent, de plus, admonestées et blâmées.

Citons encore les époux Vautier : le mari travaillait avec le sorcier La Lour, cabaliste qui prédit que M. de Turenne serait tué d'un coup de canon. Rien de plus grave ne fut trouvé au compte de ces deux accusés, sinon un propos imprudent : en parlant du roi, ils avaient dit « que Sa Majesté ne vivrait pas plus de neuf ans, ainsi que Monseigneur, et qu'il y aurait de grands troubles ».

Le mari fut exécuté.

Précédemment, le 19 juin 1679, on avait brûlé en

place de Grève la Chéron ; le 14 juillet, la cordonnière Durand avait été pendue et étranglée, et le 14
août, avait été pendue également la Le Père.

On s'était débarrassé ainsi peu à peu du menu frétin, de ces minces scélérats non impliqués dans les
grands mystères de cour.

XI

Nous croyons avoir suffisamment démontré la longue et criminelle connivence de tous ces scélérats avec le surintendant Fouquet et avec la comtesse de Soissons.

Le roi était convaincu que le *grand dessein* de son ancien ministre ne tendait à rien moins qu'à l'empoisonner ; il espérait ainsi ressaisir le pouvoir et du même coup venger sa chute.

Une fois acquise la certitude que Fouquet veut attenter à sa vie, Louis XIV n'a plus qu'une pensée : faire disparaître Fouquet.

Aussi le surintendant disgracié meurt-il à Pignerol, le 23 mars 1680, deux mois après le grand scandale des décrets et lorsque déjà la commission de l'Arsenal a pu se rendre compte du degré de culpabilité des décrétés.

Et comment meurt-il? D'apoplexie, dit Bussy-Rabutin et, ajoute-t-il, dans une lettre à madame de Montmorency, quand on lui permettait d'aller aux eaux de Bourbon. « Cette permission arriva trop tard. » « Sa maladie, dit madame de Sévigné, a été des convulsions et des maux de cœur, sans pouvoir vomir. »

N'est-il pas permis de soupçonner le poison dans cette mort de Pignerol, si étrange et si opportune, surtout si l'on rapproche de cette mort une lettre de Louis XIV, signalée par M. Champollion-Figeac, conservateur des manuscrits à la Bibliothèque nationale, lettre dans laquelle le roi demande au pape des dispenses pour se défaire d'un homme dangereux au royaume? Et cet homme dangereux, est-il trop téméraire de penser que c'est Fouquet?

Quant à la comtesse de Soissons, bien qu'elle se fût rendue coupable d'un régicide par intention, Louis XIV, comme nous l'avons dit, l'avait prévenue à temps d'avoir à chercher son salut dans la fuite.

On comprend l'effet immense produit par la mise en accusation et par la fuite de cette femme qui, pendant si longtemps, a retenu un coin du cœur royal, disputé la faveur de Louis ; qui est princesse du sang et qui occupe encore une des plus hautes situations à la cour. Et à quelle source immonde remontait cette accusation, à quels noms ignobles se trouvaient accouplés ces grands noms, quels crimes étranges étaient imputés à la fois à ce que Paris renfermait de plus impur, Versailles, de plus élevé !

Pourquoi cette clémence? nous demandera-t-on. Ah! c'est que, pour châtier Olympe, il eût fallu, aux yeux de tous, dégrader la majesté royale. On eût porté atteinte à l'inamovibilité de la personne sacrée en avouant que le roi avait été si longtemps, et pour de telles causes, exposé à de si misérables entreprises. Le crime remontait à une époque déjà éloignée. Il n'y avait pas eu d'autre commencement d'exécution que des cérémonies impies et ridicules. Tout cela, répété et colporté dans le public, ne pouvait que diminuer le roi, ravaler ce dieu au niveau d'un simple mortel.

D'ailleurs, du côté d'Olympe, la cause des tentatives criminelles en atténuait la scélératesse ; elle avait été aimée du souverain ; elle avait cherché à reconquérir la faveur perdue, à ressaisir l'amour envolé. Cela même était une façon d'excuse. Fût-on roi, l'amour-propre, sinon l'amour, est toujours agréablement chatouillé des preuves de tendresse données par une jolie femme, cette femme fît-elle appel à la magie pour arriver jusqu'à votre cœur ; eût-elle même recours au poison pour faire de vous un cadavre, sauf ensuite à pleurer éternellement votre mort.

Louis XIV se contenta donc d'éloigner cette dangereuse délaissée, et il l'éloigna pour toujours ; mais il voulut tout savoir, et voilà pourquoi, en échange de leurs révélations, on fit grâce de la vie à Lesage et à Guibourg.

Oui, bien que convaincus de crimes abominables, bien qu'ayant mérité cent fois la corde, la barre et le bûcher, ces deux prêtres sacrilèges, ces deux empoisonneurs, ces deux assassins sont épargnés par la justice.

Louvois leur avait, au prix de leur vie sauve, acheté principalement les secrets des deux grandes intrigues contre la vie du roi. Ils furent seulement relégués à Besançon.

Lorsque la commission eut épuisé la liste des accusés de crimes publics, et lorsque, surtout, elle eut vidé à fond l'affaire de *cet autre crime que le roi n'avait pas entendu expliquer*, la Chambre de l'Arsenal fut close par lettre de cachet, et les commissaires se séparèrent.

La lettre de clôture est de juillet 1682; elle est adressée à M. Boucherat, alors président de la commission.

Quelque temps après, le roi rendit un édit pour la punition des empoisonneurs, devins et autres.

Peut-être nos lecteurs seront-ils curieux de savoir ce que devint la principale accusée de cet énorme procès, la comtesse de Soissons. Nous allons la suivre dans ses pérégrinations et d'une plume brève relater ses nouveaux crimes.

Nous avons dit qu'elle s'était réfugiée dans les Pays-Bas.

Un de ses fidèles, l'abbé de Choisy, la montre tout d'abord odieusement persécutée par ses ennemis de Versailles :

« M. de Louvois la poursuivit jusque dans les enfers. Dans toutes les villes et dans tous les villages où elle passa, on refusa de la recevoir dans les grandes hôtelleries; il fallut coucher souvent sur la paille, et souffrir les insultes d'un peuple insolent, qui l'appelait sorcière et empoisonneuse. »

Avait-il donc si grand tort de la traiter ainsi, le peuple, ce terrible justicier?

Non, Louvois ne la poursuivait pas; mais c'était l'indignation des honnêtes Flamands qui éclatait contre cette sorcière, cette empoisonneuse.

Un jour qu'à Bruxelles, elle était entrée dans le Béguinage, pour y acheter des dentelles, une grande foule de peuple s'ameuta à la porte et l'attendit à la sortie pour la déchirer. Il fallut que le gouverneur, le comte de Monterey, la protégeât contre ces fureurs populaires.

Madame de Sévigné, de son côté, écrit, le 20 février 1680 :

« M. de la Rochefoucault nous conta hier qu'à Bruxelles, la comtesse de Soissons avait été contrainte de sortir doucement de l'église, et que l'on avait fait une danse de chats liés ensemble, ou, pour mieux dire, un sabbat si épouvantable, qu'ayant crié en même temps que c'étaient des diables et des sorcières qui la suivaient, elle avait été obligée de quitter la place pour laisser passer cette folie. »

Et le 21 février :

« On assure qu'on a fermé les portes de Namur et d'Anvers, et de plusieurs villes de Flandre, à la comtesse, disant : Nous ne voulons point de ces *empoisonneuses*. C'est ainsi que cela tourne, et désormais un Français, dans les pays étrangers, et un empoisonneur, ce sera la même chose. »

Il faut avouer que les agents de Louvois devaient

être bien puissants et bien actifs, pour exciter ainsi dans chaque ville des Pays-Bas semblable émotion.

Mais, malgré ses quarante-deux ans, Olympe était toujours la *charmeresse* que l'on sait ; elle séduisit le prince de Parme, et la guerre des rues eut une fin. C'est la mère du maréchal de Villars qui nous raconte cette conquête nouvelle de la sirène.

« M. le prince de Parme est donc amoureux de la comtesse de Soissons ? Ce n'est pas un joli galant. Ce n'est pas aussi que, s'il avait cent mille écus dans son coffre, il ne les dépensât en un jour, mieux qu'un homme du monde pour plaire à sa dame. »

En outre de ses prestiges, la comtesse n'était pas une femme à dédaigner. Elle laissait en France des racines puissantes, des attaches, tout un parti, une grosse fortune, cinq fils et trois filles, leur grand'mère la princesse de Carignan, les souvenirs d'une haute position, l'écho du nom de Mazarin. Elle fut donc la déesse en titre de la petite cour du prince de Parme.

Peu à peu, il est vrai, tout cela baissa, diminua. Restes de beauté, fortune, rejetons, alliances, tout disparut, tourna à mal. Les fils se marièrent mal ou moururent. Un seul donnait quelque espoir aux ambitions de sa mère, le plus chétif, le plus obscur, un nain contrefait, celui qu'on appelait l'abbé de Savoie. L'abbé voulut se faire d'épée ; Louvois et Louis XIV repoussèrent ses services. Un jour, on apprit que le petit abbé était parti pour faire la guerre aux Turcs, en compagnie de quelques fous, un Conti, un jeune Turenne, entre autres.

— J'ai fait là une grande perte, dit le roi, en haussant dédaigneusement les épaules.

Grande perte assurément! il venait de perdre celui qui s'appela plus tard le prince Eugène, ce terrible ennemi de la France, ce vengeur de sa mère Olympe de Mancini, ce traître qui creusa tant de vides aux foyers domestiques français et emplit de deuils les cœurs de tant de mères et de fiancées!

Après huit ans passés dans les Pays-Bas, à Hambourg et en Allemagne, la comtesse de Soissons partit pour l'Espagne. Qu'allait-elle y faire? Saint-Simon va nous le dire :

« Le comte de Mansfeld était ambassadeur de l'empereur à Madrid, et la comtesse de Soissons lia un commerce intime avec lui dès son arrivée. La reine, qui ne respirait que France, eut une grande passion de voir la comtesse de Soissons. Le roi d'Espagne, qui avait fort ouï parler d'elle, et à qui les avis pleuvaient, depuis quelque temps, qu'on voulait empoisonner la reine, eut toutes les peines du monde à y consentir. Il paraît, à la fin, que la comtesse de Soissons vint quelquefois les après-dînées chez la reine par un escalier dérobé, et elle la voyait seule avec le roi. Ces visites redoublèrent, et toujours avec répugnance de la part du roi. Il avait demandé en grâce à la reine de ne jamais goûter de rien qu'il n'en eût bu ou mangé le premier, parce qu'il

savait bien qu'on ne le voulait pas empoisonner.
Il faisait chaud ; le lait est rare à Madrid. La reine
en désira, et la comtesse, qui avait peu à peu usurpé
des moments de tête à tête avec elle, lui en vanta
d'excellent, qu'elle promit de lui apporter à la glace.
On prétend qu'il fut préparé chez le comte de Mansfeld. La comtesse de Soissons l'apporta à la reine, qui
l'avala et mourut peu de temps après. »

La reine d'Espagne, Marie-Louise d'Orléans, était
une princesse française, fille unique de Monsieur,
frère du roi. Qu'elle soit morte de poison, le fait
n'est pas douteux : on ne varie que sur le poison
même.

La duchesse palatine parle d'huîtres ; Dangeau
raconte que Louis XIV a dit, en soupant : « La reine
d'Espagne est morte empoisonnée dans une tourte
d'anguilles. » Madame de Sévigné dit que la reine
est morte en deux jours, « avec de grands vomissements. Cela sent bien le fagot. » Madame de la
Fayette attribue la mort à du chocolat versé par
Mansfeld.

Quel intérêt a pu pousser à ce crime ? La reine
française cherchait à détacher son mari Charles VIII
de la coalition contre Louis XIV. C'est donc la main
de l'Autriche qu'il faut soupçonner. Mais la comtesse
de Soissons, quel rôle jouerait-elle dans cette tra-
gédie ? Si elle est bien la vipère que nous a dévoilée
le procès de la Chambre ardente, son intérêt est
évident. Elle veut se venger de Louis XIV ; la

reine d'Espagne est la fille de cette Henriette détestée, dont la mort n'a pu assouvir la jalouse haine d'Olympe. Enfin, la Mancine bannie de France n'a plus pour elle-même, pour son fils, cet autre vengeur, d'autre intérêt d'avenir que l'intérêt allemand.

Il y avait, en 1688, à la cour d'Espagne, un ambassadeur français, le comte de Rebenac, dont la correspondance secrète avec Louis XIV est conservée aux archives du ministère des affaires étrangères. Entre autres choses on y trouve celle-ci :

Aussitôt que la comtesse de Soissons paraît à Madrid, le grand roi s'inquiète. « Tâchez d'être toujours bien informé de ses intrigues, écrit-il aussitôt à M. de Rebenac, pour faire donner sur ce sujet à la reine les avis qui conviendront le plus à ses intérêts. »

L'ambassadeur observe ; il n'aperçoit pas de danger. Cependant la comtesse mène un singulier train de vie ; elle s'entoure de *goinfres*, de *petites gens*, qui viennent chez elle se remplir de viandes, débraillés, portant de grandes épées et des poignards.

Charles VIII entre en défiance, plus encore de la sorcière que de l'empoisonneuse. Le faible et superstitieux monarque s'imagine que la Mancine lui a jeté un sort, lui a noué l'aiguillette, et, par ses mystérieuses pratiques, a stérilisé son union.

Un moine imposteur, deux ambitieux capables de tous les crimes, un comte d'Oropeza et un comte de Mansfeld, profitent de ces imaginations de l'impuis-

sant Charles VIII, pour perdre la reine. Ils ont deviné dans la comtesse de Soissons une alliée naturelle, et, un jour, la Mancine s'introduit de nouveau
dans la confiance de la reine, sa compagne d'en-
fance.

Dès ce moment, la reine d'Espagne est perdue.
Une courte maladie l'emporte, si étrange dans ses
effets, que « le public se persuade le poison, et n'en
fait aucun doute », pour nous servir du mot de Rebenac à Louis XIV.

On écarte de cette mort suspecte l'ambassadeur
de France ; on refuse d'admettre le médecin et le
chirurgien qu'il envoie. « Le lendemain, elle avait
le visage tout bleu. »

On attribua la mort à une chute de cheval que la
reine n'avait pas faite, à des huîtres, à du lait glacé
qu'elle aurait mangé avec excès. « J'ay vérifié tous
ces bruits faux, dit l'ambassadeur, et il est très-
vray, Sire, qu'elle est morte d'une manière bien horrible. »

Quoi qu'il en soit, la comtesse de Soissons, abandonnée même de son fils Eugène, mourut à Bruxelles, en 1708, dans l'isolement le plus complet.

La comtesse de Soissons et Fouquet ne furent pas
les seuls qui attentèrent à la vie de Louis XIV.

En 1673, à l'époque où, résistant encore à l'empire que voulaient prendre ses confesseurs, le roi
hésitait à ordonner les persécutions que les jésuites
réclamaient contre les protestants, les révérends

pères se prirent à douter de lui, à le détester, et, à leur instigation, un complot fut formé contre ses jours.

Le Dauphin devait être sacrifié avec son père : il fallait couper le tronc et la branche...

Ce fut l'expression dont se servirent les conjurés, au nombre de trois, qui devaient exécuter ce dessein : ils avaient des complices dans le palais, parmi les personnes qui approchaient le plus le roi, et le régicide devait être commis par la voie des odeurs et des parfums.

Les trois auteurs de cette infernale entreprise, croyant que tout le clergé était d'accord avec les jésuites, eurent l'imprudence de laisser échapper quelques paroles devant un respectable ecclésiastique, l'abbé Blache, curé de Rueil.

Cet honnête pasteur, effrayé du secret qu'il venait d'apprendre, courut aussitôt au noviciat des jésuites et engagea quelques-uns de ces religieux à en informer le père Ferrier, confesseur du roi.

« Je consultai, dit l'abbé Blache dans ses Mémoires, le père Guilloré, le père Seigne et le recteur ; mais je fus bien surpris qu'ils voulurent, tous trois séparément et sans s'être concertés, me détourner d'empêcher l'exécution de ce complot, me disant que le conseil qu'ils me donnaient était conforme à la volonté de Dieu, qui ne permet ces grands événements, tels que celui dont je paraissais épouvanté, que pour de grands desseins que sa providence cachait aux hommes ; qu'ils en étaient si persuadés que non seulement le père Ferrier, tout confesseur du roi qu'il était, mais encore tel autre jésuite à qui je m'adresserais, ne voudrait jamais se mêler d'arrêter le cours d'une pareille entreprise ; quoi qu'il en fût, les trois révérends refusèrent net de se mêler en rien de cela, laissant à Dieu le soin de tout conduire, me faisant comprendre même que parfois *l'intention pouvait justifier l'action la plus condamnable*, et que peut-être le ciel dans sa haute sagesse avait ordonné que ce projet eût son cours.

« Mon effroi ne fit que redoubler à ces étranges paroles. J'allai consulter ensuite le père Texier, prieur (bénédictin) de l'abbaye de Saint-Germain-des-Prés, qui me conseilla tout autrement, me loua et m'encouragea à mettre tout en usage pour parer un coup si funeste.

« Puis, ne m'en tenant pas là, j'allai encore prendre avis de M. de Pouffé, curé de Saint-Sulpice, mon confesseur, qui se chargea d'en avertir le roi ; et, pour mieux réussir, nous allâmes ensemble en demander les moyens à madame la duchesse d'Aiguillon, à qui ces sortes d'entreprises n'étaient pas nouvelles, en ayant souvent entendu parler sous le ministère du cardinal de Richelieu, son oncle... L'avis fut de faire écrire une lettre à M. Le Tellier, secrétaire d'Etat, et de lui donner avis du complot ; et comme on devait se servir d'odeurs que le roi aimait beaucoup en ce temps-là, on marqua dans cette lettre qu'il fallait supprimer le cabinet des parfums... »

On le voit, la duchesse d'Aiguillon elle-même, redoutant les hommes puissants qui se trouvaient à la tête du complot, n'osa pas conseiller une accusation directe, et voulut qu'on se contentât de prévenir le roi par une lettre anonyme. Cette lettre eut pour effet de faire supprimer à la cour le cabinet des parfums ; mais on ne fit aucune recherche contre les conjurés.

Les Mémoires de l'abbé Blache contiennent le récit des persécutions de toute nature qu'on fit essuyer à ce prêtre pour la révélation qu'il avait osé faire. Les trois conjurés, dit-il, qu'il revit souvent, mais sans parvenir jamais à découvrir leurs noms, attentèrent cinq fois à sa vie ; il eut plusieurs entrevues avec le père La Chaise, qui lui reprocha toujours de n'avoir pas suivi le sentiment des trois pères du noviciat :

— Ce sont, ajoutait le saint homme, des gens sages et fort expérimentés dans tous les cas de conscience quelque extraordinaires qu'ils soient, et dont les avis sont à suivre en toute sûreté, comme étant des auteurs graves... d'ailleurs *il faut bien se donner de garde de mettre la main où Dieu veut mettre le doigt.*

Ce fut la révocation de l'édit de Nantes et l'ordre de proscrire les réformés, de verser le sang dans les Cévennes qui mit fin aux tentatives criminelles des jésuites contre Louis XIV. Désormais, il leur était trop évident que le grand roi était des leurs, et leur asservissait toute sa puissance. Le père La Chaise était son confesseur et répondait à ses frères des volontés de son royal pénitent, et de sa docilité absolue en matière de religion. Le pauvre abbé Blache fut réduit à garder le silence jusqu'à la mort du père La Chaise. Quelques jours après (en février 1709), l'abbé écrivit à madame de Maintenon une lettre qui portait pour titre :

Lettre de l'abbé Blache à madame de Maintenon, en lui envoyant un placet au roi contre le père La Chaise, confesseur de Sa Majesté ; placet tendant à faire bannir pour la seconde et dernière fois les jésuites hors du royaume, pour le même fait qui les fit bannir par arrêt du parlement de Paris, le 29 décembre 1594.

« Mon attachement pour le roi, disait l'abbé dans cette lettre, m'a donné le courage de préserver Sa Majesté de deux attentats prémédités contre sa personne, et l'accomplissement de ce devoir m'a pensé coûter cinq fois la vie ; ma récompense a été d'éprouver mille persécutions sous le nom... mais, j'en suis convaincu, contre la volonté de Louis le Grand... Le crédit des révérends pères de la compagnie de Jésus a empêché jusqu'à présent que personne rendît au roi un compte fidèle de tous les faits que je dénonce, et des motifs qui les ont inspirés ; et comme il est indispensable pourtant, que Sa Majesté en soit instruite, je supplie madame la marquise de faire renvoyer mon Mémoire soit à monsieur de La Rochefoucault, soit à monsieur de La Vienne, tous deux inviolablement attachés à Louis XIV, et dont la probité est universellement reconnue... »

Et l'abbé Blache concluait à supplier le roi de ne point donner au révérend père La Chaise, son ancien confesseur, un successeur appartenant à la même compagnie.

Et la lettre et le placet demeurèrent sans réponses. Selon toute apparence, le roi ne les connut jamais. Ce n'était plus lui, c'était madame de Maintenon qui régnait, et elle avait trop d'intérêt à ménager les jésuites, à charge de revanche... Le père Le Tellier avait succédé au père La Chaise, et il était mille fois plus intolérant, plus exigeant encore que son prédécesseur; aussi ne fut-ce point assez de refuser à l'abbé Blache la satisfaction qu'il demandait... Il avait osé s'attaquer aux révérends pères, il fallut le sacrifier à leur colère; on l'enferma à la Bastille, où il mourut à l'âge de quatre-vingt-deux ans dans la plus affreuse misère.

Nous allions oublier un de nos personnages, et non le moins étrange, nous voulons parler du nègre Joachino. Que devint-il à la mort de la Voisin?

Le soir de l'exécution de cette criminelle, le 22 février 1680, vers les onze heures, si nous en croyons la relation que nous a laissée M. Alboize, un homme, enveloppé d'un large manteau qui lui cachait le visage, s'acheminait rapidement vers une maison isolée, située à une portée de fusil des murs de Paris. Arrivé à cette maison, il frappa d'une manière particulière, et la porte s'ouvrit aussitôt. Il entra et trouva un domestique qui le conduisit dans une salle basse, où était un homme endormi d'un profond sommeil. Le domestique s'approcha de son maître et le réveilla en lui montrant le nouveau venu, puis il sortit. Quand ces deux hommes furent seuls, celui qui venait d'entrer jeta son manteau et dit au maître de la maison :

— Où sont-elles ?

— Là, répondit l'autre en montrant une urne de grès posée sur la table. Et votre or ? reprit-il.

— Le voici, dit l'arrivant en présentant une bourse. Mais vous me certifiez que ce sont bien elles qui sont dans ce vase ?

— Sur mon honneur !

— Je vous crois... A vous cet or.

— A vous les cendres de la Voisin.

Ce pacte était conclu entre le bourreau et Joachino, le nègre. Ce dernier, échappé comme par miracle à toutes les recherches de la police et cela en restant caché pendant trois jours dans la maison même que les gens de justice visitaient en tout sens, n'avait pu rien faire pour sauver sa maîtresse ; il voulait du moins posséder les cendres de celle qu'il aimait encore. Il se jeta à genoux devant cette urne, et resta longtemps muet et immobile, les lèvres collées sur le vase funéraire, et s'écria en se relevant :

— Bonne maîtresse, je l'avais dit, que ta mort même ne pourrait nous séparer, et je ne t'ai pas trompée, moi, car je t'emporte pour te garder toujours.

Puis, se tournant vers le bourreau, il ajouta en lui tendant la main :

— Merci, camarade. Ce n'est pas tout, et je te donne le fond de ma bourse, si tu veux me promettre une dernière chose.

— Parle.

— Si nous avions jamais affaire ensemble, si je dois passer par tes mains, jure-moi de faire enterrer ces cendres avec mon corps, si je suis pendu ; de les mêler aux miennes, si je suis brûlé.

— Donne le fond de ta bourse.

— Le voilà.

— Je te le jure.

Et ces deux hommes se séparèrent. Mais Joachino ne passa point par les mains du bourreau : on n'entendit jamais plus parler de lui.

FIN

TABLE

Paris. — Imprimerie X. Blampain, 7, rue Jeanne.

12.